AS CRIANÇAS PENSAM GRANDE

FRANCO LORENZONI

CRÔNICA DE UMA AVENTURA PEDAGÓGICA

TRADUÇÃO
Stefano Mimiza
Viviane de Cássia Maia Trindade

Do original: I bambini pensano grande. Cronaca di una avventura pedagógica.
Tradução autorizada do idioma italiano da edição publicada por Sellerio editore Palermo

Edição Brasileira

Edição: Renato Mendes Oliveira e Stefano Mimiza
Revisão: Renato Mendes Oliveira
Tradução: Stefano Mimiza e Viviane de Cássia Maia Trindade.
Ilustração da capa: Ina Gouveia
Capa: Fábio Brust & Inari Jardani Fraton – Memento Design & Criatividade
Projeto gráfico e diagramação: Lila Bittencourt
Coordenação editorial: Lucas Maroca de Castro

Dados Internacionais de Catalogação na Publicação (CIP) de acordo com ISBD

L869c Lorenzoni, Franco

As crianças pensam grande: crônica de uma aventura pedagogica / Franco Lorenzoni ; traduzido por Stefano Mimiza, Viviane de Cássia Maia Trindade. - Belo Horizonte, MG : Crivo Editorial, 2022.
228 p. ; 14,6cm x 20,4cm.

Tradução de: I bambini pensano grande. Cronaca di una avventura pedagogica
Inclui índice
ISBN: 978-65-89032-38-0

1. Educação. 2. Educação alternativa. 3. Conhecimento. I. Mimiza, Stefano. II. Trindade, Viviane de Cássia Maia. III. Título.

CDD 370
2022-1809 CDU 37

Elaborado por Vagner Rodolfo da Silva - CRB-8/9410

Índice para catálogo sistemático:
1. Educação 370
2. Educação 37

Crivo Editorial
Rua Fernandes Tourinho, 602, sala 502
30.112-000 - Funcionários - Belo Horizonte - MG

www.crivoeditorial.com.br
contato@crivoeditorial.com.br
facebook.com/crivoeditorial
instagram.com/crivoeditorial
crivo-editorial.lojaintegrada.com.br

Para Nora Giacobini e Emma Castelnuovo,
mestras de outrora e de cada dia

Para Roberta,
com quem partilho inquietudes e
esperanças na escola e em casa

SUMÁRIO

PREFÁCIO

É cansativo escutar as crianças. Vocês têm razão.
E logo vocês acrescentam: porque é preciso colocar-se
ao nível delas, abaixar-se, inclinar-se, fazer-se pequeno.
Aí, estão equivocados. Não é isso o que mais cansa. É,
ao contrário, o fato de ser obrigado a elevar-se à altura
de seus sentimentos. Puxar-se, esticar-se, levantar-se
na ponta dos pés. Para não as machucar.

JANUSZ KORCZAK

Este é um livro que presenteia todos aqueles professores que estão em busca de uma escolarização que se baseie em uma construção de conhecimentos, na interação entre professores e alunos a partir da mais tenra idade, sem recorrer a receitas ou a prescrições nem a "dogmatismo teórico" ou a "aplicacionismo didático" (REUTER 1995, p. 142)[1], "que são duas maneiras de exagerar".

Argumentando — e trabalhando — contra essas "duas maneiras de exagerar", Franco Lorenzoni tem como objetivo **dar voz** às crianças, já que, "à maioria das meninas e meninos, não é consentido o direito de *reconhecer* a qualidade de seus pensamentos e perceber sua profundidade. Muitos nem sequer chegam a expressá-los, porque um pensamento que não encontra escuta dificilmente toma forma e expressão".

1 REUTER, Yves. Pour une didactique de la littérature: la nécessaire définition des biens littéraires POSLANIEC, Christian. Littérature et Jeunesse: Actes du colloque. Paris: INRP, 1995, p. 129-45.

Ao **dar voz às crianças**, o autor não apenas reafirma a intensa relação entre pensamento e linguagem (Vigotsky), mas, também e sobretudo, convida leitoras e leitores a **escutar junto**, considerando que, "frente às belezas, às dificuldades, assim como às tragédias da vida, as crianças são capazes de nitidez e autenticidade raras, de que, em minha opinião, todo mundo poderia tirar proveito"

Refletindo sobre a relação professor/aluno, afirma Franco Lorenzoni:

> Na área da educação, conheço um monte de professores que se empenham e se envolvem em primeira pessoa, colocando toda a sua energia para dar sentido a seu trabalho e tentar desenvolvê-lo da melhor forma possível, mesmo em situações de grandíssima dificuldade. Seu exemplo me conforta, porque mostra que, quando a crítica radical a como anda o mundo se entrelaça com um compromisso concreto e efetivo, as coisas começam a mudar. Crianças e jovens são muito sensíveis à energia e convicção que os adultos colocam no que fazem, e tiram as devidas conclusões. (p. 116)

E reitera:

> Com palavras convincentes, as Diretrizes Nacionais para o Currículo exortam os professores a educarem para a cidadania. O problema da educação para a cidadania, assim como da educação intercultural e da educação ambiental, sobre as quais experimento e me questiono há muitos anos, está no risco do sermão, que é a pior maneira de apresentar temas civis e morais às crianças. Penso, pois, que a possibilidade de nutrir com elementos éticos nossa prática educacional não pode se dar senão através do exemplo e da empatia. (p. 116)

Nesse sentido, dialogando com o autor do ponto de vista da didática crítica, Santos (1994, p. 31)[2] considera que, talvez, a didática tenha que começar a "despedagogizar" o conhecimento escolar, "trazendo para o interior da escola as ambiguidades e contradições presentes na história da produção do conhecimento científico".

Similarmente, Magda Soares (1999, p. 42, 47)[3] considera o processo de escolarização como inevitável, mas defende a possibilidade da descoberta de uma escolarização adequada, (...) que propicie à criança a vivência do fenômeno a ser descoberto[4], "e não uma distorção ou uma caricatura dele".

Ivete Walty (1999, p. 52)[5] focaliza a criança "capaz de se safar até mesmo das camisas de força impostas pela escola e pela sociedade, na medida em que produz sentidos que fogem a controles".

É com pensadoras assim que Franco Lorenzoni demonstra concordar nos relatos que compõem seu livro, o que pude confirmar quando estive em sua sala de aula em 2015, dialogando com crianças que "pensam grande", pois me apresentaram questões que ninguém jamais tinha me perguntado ao longo de seis décadas!!! Segundo o autor, o intento que o levou a escrever consiste no desejo de afirmar com força que **as crianças devem ser ouvidas!** E que a escola deve ser lugar de vivências significativas e de oportunidades de autoconhecimento:

> A escola, para mim, não deve imitar o que acontece na sociedade, mas operar por contraste, de forma crítica e con-

2 SANTOS, Lucíola Licínio de C. P. O processo de produção do conhecimento escolar e a didática. In: MOREIRA, Antonio Flavio Barbosa (org.). Conhecimento educacional e formação do professor. Campinas, SP: Papirus, 1994, p. 27-37.

3 SOARES, Magda. A escolarização da Literatura Infantil e Juvenil. In: EVANGELISTA, Aracy Martins; BRINA, Heliana; MACHADO, Maria Zélia (Orgs). A Escolarização da Leitura Literária: O Jogo do Livro Infantil e Juvenil. Belo Horizonte: Autêntica, 1999, p. 17-48.

4 Nas palavras de SOARES, 1999, tratando de uma das artes, a literatura: "vivência do literário, e não uma distorção ou uma caricatura dele".

5 WALTY, Ivete, 1999, op. cit., p. 52.

creta. Se todo mundo corre, tem que haver um lugar onde se possa andar devagar. Se a gente andar devagar, aumentam as chances de que todos cheguem, e talvez se abra a oportunidade de encontrar algo de uma maneira realmente profunda. Porque chegar a observar os movimentos de uma nuvem, ouvir uma história, achar com um gesto o traço e a cor para uma pintura ou escrever palavras sinceras e autênticas demanda tempo, muito tempo. (p. 147-148)

Nas memórias de Peter Brook, grande diretor de teatro inglês, sobre a escola de sua época, o autor/professor/pesquisador constata o caminho a não ser percorrido, mas também se inspira a construir conhecimentos junto aos seus sujeitos-alunos, vivenciando fenômenos a serem descobertos, "produzindo sentidos que fogem a controles", "despedagogizando", ficando longe dos "dogmatismos teóricos" ou dos "aplicacionismos didáticos":

"Os professores de desenho amedrontavam o olhar e tornavam a mão desajeitada; os de canto inibiam a voz; os professores de geografia tornavam o mundo uniforme e árido; os de religião fechavam o espírito ao deslumbramento; os de educação física faziam do movimento do corpo uma punição, em vez de uma alegria.

A exceção era o Sr. Taylor, que ensinava música sem muito entusiasmo porque seu verdadeiro interesse era montar as récitas escolares. [...] Um dia, estava conversando com a gente quando, de repente, virou-se para mim e perguntou: "Por que o fator comum em todas as artes é o ritmo?".

Eu agora percebo que, das milhares de palavras de crítica, encorajamento e orientação moral pronunciadas pelos meus professores, o que consigo lembrar é apenas essa única frase. É uma indagação que ainda me deixa intrigado, e, se isso for tudo o que me deixaram as muitas escolas que frequentei, então me considero bem recompensado. Ela tornou-me consciente de que os movimentos dos olhos que correm ante uma pintura ou as abóbadas e arcos de uma grande catedral estão ligados aos saltos e piruetas de um dançarino e à pulsação da música." [6]

Franco Lorenzoni, neste seu maravilhoso livro, põe em prática a aprendizagem de Peter Brook, que vale mais que mil páginas de pedagogia. Diz ele:

> Talvez o ritmo seja o fator comum de todas as artes, mas não somente. O ritmo, a música e o canto, na minha experiência, são o âmbito mais adequado para experimentar a difícil transformação de uma classe de crianças em um grupo de pesquisa. É cantando e ouvindo-nos cantar juntos que, aos poucos, vamos nos conhecendo e nos revelando uns aos outros, porque a voz que canta é nua, direta, desarmada. Justamente por esse motivo, cantar pode ser muito difícil para alguns. Mas eu sempre enxerguei na cantoria uma oportunidade de construir comunidades longe de palavras, raciocínios e atitudes que criam barreiras e desconfiança".

E cantavam!

Não sei bem por quê, mas faz muitos anos que começo os dias na escola cantando com as crianças em idiomas por nós desconhecidos, que vêm da África, dos nativos da América ou dos nômades ciganos. Essas sonoridades e ritmos, que rapidamente se tornam memória

6 Peter Brook, Fios do tempo, São Paulo, 2000

compartilhada do grupo e, portanto, instrumento de mútua identificação, nos ajudam a despertar e nos envolver no que estamos fazendo. Uma espécie de bom-dia que permite a todos perceber o estado de saúde e coesão do grupo, em uma ação que se baseia na troca generosa de energia e alegria. "A música é a única linguagem universal que nos resta após a queda da Torre de Babel", escreveu Walter Benjamin.

Se, até aqui, a leitora e o leitor puderam saborear apenas fragmentos, eis, a seguir, o livro, para o seu contato com a inteireza das falas das crianças e do autor, em pensamento e linguagem!!!!

ARACY ALVES MARTINS

A MEIA PELO AVESSO

Os pensamentos infantis são sutis. Às vezes, são tão afiados que penetram nos territórios mais íngremes, chegando a perceber, em um instante, a essência das coisas e das relações. Mas são frágeis e voláteis, se perdem no mesmo instante em que se formam, para nunca mais voltar.

Assim, à maioria das meninas e meninos, não é consentido o direito de *reconhecer* a qualidade de seus pensamentos e perceber sua profundidade. Muitos nem sequer chegam a expressá-los, porque um pensamento que não encontra escuta dificilmente toma forma e expressão.

Uma quantidade imensurável de associações, intuições, conexões e verdadeiras iluminações infantis, portanto, permanece escondida no subsolo, escavando um labirinto de canais que nunca alcançarão a luz do sol, porque ficam privados da dignidade que nasce do *acreditar* na própria capacidade de pensamento.

Quando nasceu meu primeiro filho, sua avó da Sardenha disse que a gente tinha que vesti-lo sempre com alguma peça de roupa pelo avesso. Pescando na arcaica cultura camponesa, ela acreditava que uma cueca ou um pé de meia pelo avesso pudessem protegê-lo do mau-olhado. O que de mau ou negativo viesse do mundo era, na cabeça dela, atravancado e desviado por aquela roupa pelo avesso. Eu não acredito em mau-olhado, mas acho que havia alguma sabedoria naquela proposta, porque é na maneira de vestir a roupa que consolidamos nossos hábitos.

E se a gente quiser afastar ou, pelo menos, amenizar o *mau-olhado* muito real daqueles que querem que sejamos apenas rápidos consumidores desatinados ou usuários compulsivos de jogos que mergulham as crianças por demasiado tempo em telas de todos os tamanhos, temos que assumir nossas responsabilidades e, enquanto adultos, propor aos nossos filhos ou alunos que, desde os primeiros anos, *vistam pelo avesso* alguns hábitos mentais.

Eu quis relatar um ano de vida de uma turma do quinto ano do ensino fundamental da pequena aldeia da Úmbria onde leciono há muitos anos porque, ouvindo, dia após dia, palavras e emoções, raciocínios, hipóteses e perguntas surgirem na voz de meninas e meninos com quem trabalhei durante cinco anos, tive a sensação de me deparar com descobertas preciosas, que nos ajudam a seguir rumo ao âmago das coisas e à origem mais remota de nosso pensar o mundo.

Dedicamos o ano inteiro à pesquisa sobre o que aconteceu no Mediterrâneo grego entre os anos 600 e 200 antes de nossa era. Uma época em que muitos rebentos lotaram aquele berço. O surgimento da matemática, os primeiros passos do pensamento científico, a invenção do alfabeto fonético e da democracia, a prática do teatro e o despontar da filosofia e do diálogo como fontes de conhecimento nos acompanharam nessa viagem.

Um dia, de repente, uma ocorrência terrível e inesperada marcou nosso caminho, porque, em Giove[1], numa tarde de fevereiro, uma criança de sete anos do primeiro ciclo morreu sufocada enquanto estava construindo um balanço na escada de ferro da casa de sua avó. Essa tragédia atingiu a escola, a vila e todos nós, sacudindo-nos profundamente e mexendo muito com nossos pensamentos. Ter construído uma prática de escuta ao longo dos anos certamente não aliviou o nosso sofrimento, mas nos permitiu encarar o tema da morte sem recuar.

Agora que terminei de organizar a transcrição de nossos incessantes diálogos, delineando o contexto em que surgiram e reco-

---

1 O povoado onde fica a escola. (NdT)

lhendo hesitações, incertezas e trajetos dessa nossa *aventura pedagógica*, me dou conta de que o intento que me levou a escrever consiste no desejo de afirmar com força que as crianças *devem* ser ouvidas, porque, frente às belezas, às dificuldades, assim como às tragédias da vida, elas são capazes de nitidez e autenticidade raras, de que, em minha opinião, todo mundo poderia tirar proveito.

Janusz Korczak, o médico e professor judeu polonês que acompanhou seus pequenos alunos até o campo de concentração nazista, escreveu: "É cansativo escutar as crianças. Vocês têm razão. E logo vocês acrescentam: porque é preciso colocar-se ao nível delas, abaixar-se, inclinar-se, fazer-se pequeno. Aí, estão equivocados. Não é isso o que mais cansa. É, ao contrário, o fato de ser obrigado a elevar-se à altura de seus sentimentos. Puxar-se, esticar-se, levantar-se na ponta dos pés. Para não as machucar".[2]

2 Janusz Korczak, *Il diritto del bambino al rispetto*, Edizioni dell'Asino, Roma, 2011. (NdA) — Janusz Korczak, *O direito da criança ao respeito*, Editora Summus, São Paulo, 1986. (NdT)

1

O DESENHO É VOCÊ QUE NÃO É VOCÊ

Durante meses a fio, a gente não saiu dali , daquele canto abaixo e à direita do Mediterrâneo grego de onde continuavam a brotar histórias. O mapa do mundo desenhado por Eratóstenes, vinte e três séculos atrás, está à minha frente, todo torto, com os paralelos que esboçam com precisão as costas que enxergamos na horizontal, e os meridianos que andam em zigue-zague, deformando a Grécia e a Magna Grécia.

Sozinho na sala de aula em que passei quinze temporadas, vou removendo quadros, painéis, gráficos e lençóis pintados que se acumularam durante todo esse tempo, e a verdade é que estou triste. Triste porque acabo de deixar os meninos e meninas, agora adolescentes, no final do percurso de ensino fundamental que me preencheu a vida durante cinco anos.

Mas vamos com ordem, começando pelo mês de setembro.

No começo do ano, tive o grande desejo de reunir em torno de um único centro as pesquisas realizadas nesses anos todos. Nessa sala de aula, tinha ensinado matemática, ciência, história, arte e movimento e queria tentar, desta vez, juntar tudo, tudo mesmo. No entanto, eu estava confuso, como acontece toda vez que quero abarrotar o impossível, entulhando um quarto inteiro em um baú.

A primeira sugestão, devo a Mattia, o menino mais irredutível da sala, com quem tive relações pra lá de complicadas. Era o primeiro dia de escola, e pedi às crianças para escreverem algumas notas sobre o que gostariam de fazer no último ano em que estaríamos juntos, e ele escreveu: "Eu gostaria de fazer arte, porque gosto muito de desenhar, porque gosto de fazer autorretratos. Pra mim, a arte é quando você expressa as emoções e se expressa não só com as cores, mas com o desenho também. O desenho é você que não é você. Significa que é você que o desenha, e, se o desenha, é algo de você. É como se me tirassem um pedaço de mim."

Leio essas palavras e logo as acho instigantes. No seu proceder por lampejos, mais uma vez, Mattia nos desconcerta. O que é esse desenho que *é você que não é você*? Enquanto reflito, pergunto aos outros o que é que eles pensam, e nasce assim a primeira discussão do novo ano.

O QUE NÓS FAZEMOS É NÓS

MARIANNA: Se alguém desenha, é como se tirasse um pedaço de si e o colocasse na pintura.
FRANCESCA: Na nossa fantasia, aparece uma flor, a gente a coloca, e ela é um pedaço de nós, porque a fantasia é um pedaço de nós.
SIMONE[3]: Se fazemos um autorretrato, é tudo, não só um pedaço.
MATTIA: Você ama aquele desenho porque foi você que o fez, está orgulhoso, então é como se alguém tirasse um pedaço de seu coração e o pusesse ali.
FRANCO: *Mas isso vale apenas para os autorretratos?*
MATTIA: Não é só o fato de você o desenhar, é se você acredita que, automaticamente, um pedacinho sai de você e vai pra dentro do desenho, porque você o ama.
FRANCO: *Quem é que o faz sair de você?*
MATTIA: O desenho.
FRANCO: *Então o desenho é uma coisa viva.*

---

3 Em italiano, Simone é nome masculino; o feminino é Simonetta. (NdT)

MATTIA: É vivo enquanto você o está fazendo, depois envelhece cada vez mais e, no final, morre.

FRANCO: *Mas a gente vê desenhos e pinturas de muitíssimos anos atrás.*

MATTEO: Sim, aqueles que vimos no Uffizi[4] eram de verdade.

SIMONE: Oh, Mattia, podem passar até mesmo cem anos, e um desenho continua sendo de verdade.

FRANCO: *Ele não queria dizer "de verdade", queria dizer vivo.*

MARIANNA: Se é assim, quando o pintor morre, morre o desenho também.

IRENE: Mas o desenho ainda existe, não é como se ele fosse embora.

VALERIA: Quando você se dedica a ele, o desenho ganha vida, depois morre, porque você precisa fazer outro e se dedica ainda mais a este.

LORENZO: Eu acho que a escrita também é viva, porque, quando você escreve, dá o pensamento das palavras à escrita, e ela fica viva.

FRANCESCO: Eu acho que Mattia tem mais ou menos razão; quando você faz um autorretrato, é que nem se tirasse um pedaço do coração e o colocasse no desenho.

IRENE: Também pode fazer uma casa, e aí tem um pedacinho de você.

ERIKA: Mesmo se você fizer algo simples, pintar o céu com uns pássaros voando, você, de qualquer forma, usa toda a sua imaginação, bota sempre algo de você.

FRANCO: *Tem pinturas de séculos atrás que ainda nos emocionam.*

VALERIA: Sim, porque é como se, de uma pintura, nascesse uma história.

GRETA: Quando faz algo e o faz porque quer, você sempre põe uma parte de você, em qualquer coisa, mesmo quando escreve.

IRENE: Com relação ao que o Mattia disse, um desenho fala pra gente, mas, se o pintor estiver morto, não fala mais pra ele.

FRANCESCA: Pra mim, a pintura não morre.

---

4 A Galeria Uffizi (*em português, Galeria dos Ofícios*) é um palácio situado em Florença, na Itália, que abriga um dos mais antigos e famosos museus do mundo. (NdT)

LORENZO: Quando você pinta um quadro e coloca nele alguma coisa de você mesmo, você vive, e o quadro também, é como se brotasse uma alma daquele pedacinho.

FRANCESCA: Mas como é que uma coisa pode morrer?

MATTEO: Uma folha de papel morre quando fica amarela.

MATTIA: Na verdade, o que morre é outra coisa. Pra fazer uma folha de papel, a árvore morre, porque é da árvore que vem a folha.

FRANCESCA: Pra mim, um quadro é vivo, porque, depois que você o faz, parece que ele sai e olha pra você.

FRANCO: *Então um quadro é vivo quando olha para você?*

VALERIO: Quando você faz um desenho, depois o pintor não morre, entra apenas no desenho.

FRANCO: *Mas isso acontece sempre ou só com a grande arte?*

VALERIA: Eu acho que sempre, porque, de qualquer forma, quando você usa a sua imaginação, depois é como se o desenho te dissesse que o desenho precisa do pintor, e se ele morre pra ajudar o desenho que está dentro, os dois tomam vida.

IRENE: A foto de Rafael, o autorretrato dele, parece olhar pra você, e daí a pouco sair do retrato e falar com você.

FRANCO: *A de Rafael é uma pintura, na verdade, mas você disse foto...*

LORENZO: O que Valeria disse — que, quando um artista morre, vai pra dentro do quadro —, pra mim, acontece só quando é um autorretrato; na prática, a alma vai pra dentro do quadro.

ERIKA: As pinturas não morrem quando o autor morre. Mesmo quando os autores morrem, os quadros permanecem, como uma memória.

IRENE: Só que não é como se ele saísse e falasse com você. Parece... mas não é verdade.

FRANCO: *Na arte, coisas estranhas acontecem.*

LARA: Pra mim, se morre o pintor, não quer dizer que o quadro também morra.

VALERIA: É como se aquilo que fazemos fosse a gente mesmo.

YLENIA: É verdade, porque é a gente que faz o quadro.

Transcrevi a discussão inteira porque vou lhe propor, cara leitora e caro leitor, escutar comigo as palavras que aos poucos foram emergindo nos diálogos entre meninas e meninos da turma. Nestas páginas, os transcrevi de forma integral, pois frequentemente fico pasmado ao testemunhar a maravilha do nascer de um pensamento e porque acho que o belo, no dialogar, reside justamente na tensão de cada um tentar esclarecer uma ideia através de palavras que surgem em um jogo de escuta mútua e troca que, depois de engatilhado, parece não ter fim.

Desde que comecei a ensinar, sempre tive o hábito de gravar o que as crianças dizem. Às vezes tomo notas, às vezes uso um gravador ou uma câmera de vídeo. Faço-o sempre e depois, na maioria das vezes, devolvo às crianças as gravações transcritas, porque me parece um bom jeito de dar valor às suas palavras.

Voltemos, então, à manhã de setembro em que estávamos falando sobre o desenho. Ouvi-los falar da pintura como uma coisa viva me faz feliz, porque uma das falhas da escola está em liofilizar a arte e os objetos do conhecimento, tirando-lhes humores e vida.

Durante o recreio, enquanto elas se entregam às suas brincadeiras favoritas, fico lendo as propostas escritas pelas crianças e percebo a importância que muitas delas dão ao *método* com que enfrentamos as matérias de aprendizado. Matteo, por exemplo, escreve: "Espero que a gente faça discussões sobre história, matemática e ciências que nem no ano passado, porque, se o professor explica, depois de um tempo você esquece, mas, se você *passa um tempinho naquilo*, acaba não esquecendo". E Greta acrescenta: "Eu gostaria de fazer ciências como no ano passado, *sem perceber*, fazendo passeios, porque é mais divertido do que ficar sentado estudando. Gostaria de fazer outras coisas sobre a lua...". O desejo de Francesco é, pelo contrário, "passar um ano difícil, mas divertido, assim como os outros anos que passamos juntos". Valeria acrescenta: "Eu acharia legal que nos dedicássemos à nossa horta, porque ela é algo que pertence a todos nós e, se plantarmos uma árvore, também vai nos pertencer daqui a 20 anos. Espero que a gente faça nossas peças de teatro com muita dedicação".

Parar, aprofundar e ir à raiz. Juntar o difícil à diversão. Cultivar algo que pertence a todos nós e, juntos, ainda saber voar leve e aprender *sem perceber*. Leio em voz alta todas as propostas afloradas, tentando escutar atentamente a precisão de suas indicações didáticas.

Gostaria de estar à altura de seus desejos.

HISTÓRIA DE UM TELHADO E DA IMPOSSIBILIDADE DE DESENHÁ-LO

A outra face do desenho como forma de conhecimento a gente encontra no final de setembro, quando proponho consertar a casinha de madeira construída em nosso pequeno jardim anos atrás. O telhado está com goteira, e pergunto às crianças como podemos resolver o problema. Quase todos concordam que devemos colocar uma lona ou algo do tipo para protegê-lo. Matteo sugere comprar um forro, e Simone diz que seu pai o vende. Mas quanto custa? Como calcular o tamanho para saber o preço? Tem que fazer um desenho primeiro, propõe Francesca, resgatando o sentido primário da geometria, que é desenhar para entender, calcular e atuar no espaço.

Assim, munidos de grandes folhas de papel, vamos parar na relva ainda úmida da manhã, tentando desenhar o telhado quase podre e um pouco torto da nossa casinha de madeira. O problema é que a capa é vendida em rolos e é retangular, enquanto os telhados que começam a aparecer sobre as folhas têm a forma de triângulos.

Fico observando-os e reparo que, apesar de já terem se passado mais de sete anos desde seus primeiros rabiscos, nos quais começavam a tomar forma as coisas do mundo, todos retornam inexoravelmente para aquele esboço de sua *primeira casa*, feita de um retângulo e, em cima, o teto em triângulo.

Quando alguém desenha, o que desenha? O objeto que observa ou o que tinha antes na cabeça? Um objeto ou uma ideia? O que vê ou o que sabe?

Espio-os enquanto, absortos, fazem o gesto extraordinário de tentar plasmar o mundo, e me pergunto: que direito tenho eu de corrigi-los?

Nas folhas, surgem figuras contraditórias. Triângulos tentando juntar-se a retângulos, que, para alguns, acabam se *entortando* em paralelogramos, porque vistos de baixo. Parecem com os telhados pintados por Giotto, quando, em Assis, ousava as primeiras perspectivas, pintando as casas de Arezzo assombradas pelos demônios da injustiça. Os mais exigentes rasuram o tempo todo, insatisfeitos com os resultados.

Mas o nosso teto não vinga, porque, desta vez, a gente não procura apenas a livre expressão.

Eu sei que, se quiser comprar um forro, *preciso* desenhar o telhado visto de cima e imaginar os retângulos das duas águas oblíquas que cobrem a casinha. Mas, se eu for corrigi-los, se propuser a minha solução, ou melhor, se for impô-la, já que sou o professor, interromperia um processo.

Assim, me seguro, não sabendo bem o que fazer.

Levamos para a sala nossas variadas tentativas de telhados, as ajeitamos no chão e passamos a observá-las. Não quero apressar soluções e piso no freio. Rapidamente, se desencadeia uma animada discussão entre *triangulistas* convencidos, definitivamente majoritários, e alguns poucos *retangulófilos*, que discordavam entre si. Como sempre, há também aqueles que se aventuram na possibilidade de conciliar as duas posições. Não lembro quem, talvez Marianna, vem, em algum momento, com a questão do ponto de vista. Aí está — penso eu —, e sugiro voltarmos ao jardim no dia seguinte com uma longa escada, para podermos olhar o telhado do alto.

Observando-o melhor, agora muitos percebem que, já que as duas águas do telhado estão apoiadas em estacas, os triângulos que todos têm desenhado no começo, na verdade, não são telhado, e sim buracos, espaços vazios. A consistência daquela ideia triangular preconcebida, no entanto, era tão arraigada que acabou enchendo à força aqueles buracos. Depois de sete dias, quando finalmente tínhamos calculado com uma fita métrica os lados dos dois retângulos que compõem o telhado, alguém exclamou: "Será? Mas, pra mim, os telhados têm forma de triângulo!".

Por causa dessa história do telhado que não vingava, tive que deixar de lado um monte de coisas. Mas é nesses momentos que me consola a sugestão de Emma Castelnuovo, grande docente de matemática, que não se cansava de repetir que é preciso dar aos meninos o tempo de perder tempo.

Essa *perda de tempo*, além do mais, nos trouxe, algumas semanas depois, um magnífico presente. Na onda dos problemas deixados em aberto pelos desenhos do telhado, certa manhã, voltamos à discussão sobre a relação entre sólidos e figuras planas, e, de repente, Francesco exclama: "Mas, se as figuras planas não existem na realidade, porque têm espessura zero, quer dizer que, todos estes anos, estudamos coisas que não existem!".

A declaração surpreende a todos, e tem até quem fique com raiva por ter trabalhado tão duro para aprender coisas que não existem na realidade.

Aproveito a ocasião e sugiro cessar todas as atividades para nos dedicarmos a buscar e representar da melhor maneira possível o paradoxo das figuras planas, importantíssimas para qualquer raciocínio geométrico, e ainda assim *inexistentes*.

Meninas e meninos se espalham pela sala de aula e pela escola inteira. Há quem corte e procure folhas cada vez mais finas, quem as imagine transparentes e invisíveis no ar (mas sem conseguir provar a sua existência), quem gostaria de vê-las flutuar na água, mas não sabe como fazê-lo. Enfim, uma boa hora de tentativas fascinantes e bizarras, até Valeria chamar todos de volta à sala e, radiante, mostrar-nos um quadradinho recortado de papelão azul. No começo, não entendemos, porque o papelão é mais espesso que as outras folhas e, com certeza, não pode ter a pretensão de definhar até atingir a espessura zero. Mas ela nos convida a parar de olhar para o papelão, indicando a sombra que aquele cartão projeta sobre o lado da cátedra, iluminada, naquele momento, pelo sol da manhã. Mas é claro, como é que não pensamos nisso antes? As figuras planas são sombras. Têm a consistência cinzenta da sombra que demarca um espaço, apesar de não ter qualquer espessura.

COM ANAXIMANDRO, NOS PERGUNTAMOS O QUE É UMA REVOLUÇÃO

Poucos dias antes da sensacional descoberta de Valeria, tínhamos passado uma semana com Anaximandro. Seguindo a onda de um encontro em Cenci[5] com Carlo Rovelli, um amigo físico que recentemente havia publicado um belo livro sobre o pupilo de Tales[6], apresento às crianças o antigo cientista nascido em Mileto, que primeiro no mundo imaginou que a Terra não se apoiava em nada e ficava voando no espaço. Uma ideia revolucionária. E, de fato, é sobre revolução que começamos a conversar.

YLENIA: A revolução é uma coisa que muda tudo, que nem quando os homens pensavam que a Terra era plana e ficava apoiada em uma tartaruga ou uma cobra; depois fizeram uma revolução e descobriram que a Terra é redonda e se sustenta sozinha.
MARIANNA: A revolução é uma mudança pra melhor, uma coisa nova. A de Anaximandro é uma mudança científica.

---

5 A Casa-Oficina de Cenci (*localidade perto de Amelia, na região da Úmbria — NdT*) é um lugar de pesquisa educacional e artística fundado em 1980 e dirigido por Franco Lorenzoni e Roberta Passoni (Facebook: Casa-Laboratorio di Cenci, www.cencicasalab.it). Desde 2002, hospeda, a cada ano, em setembro, a Oficina matemática, um encontro promovido por Emma Castelnuovo para a divulgação de materiais e métodos ativos de ensino da matemática. (NdA)

6 Carlo Rovelli, *Che cos'è la scienza, la rivoluzione di Anassimandro*, Mondadori Università, Milano, 2012. (NdA) — Carlo Rovelli, *Anaximandro de Mileto*, Editora Loyola, São Paulo, 2013. (NdT)

FRANCO: *Mas isso diz respeito a quem?*
MATTEO: Diz respeito a todos, ao mundo inteiro.
FRANCESCA: Pra mim, a revolução é uma mudança, uma transformação. Uma coisa ruim pode se transformar em uma coisa boa, mas também pode ser o contrário.
ERIKA: Pra mim, a revolução é quando um grupo de cientistas tenta pensar em como uma coisa é feita, e aí vem outro cientista e diz: "Pra mim, aquela coisa é feita assim", e depois eles raciocinam a respeito. Quando verificam que aquilo é verdade, fazem uma mudança.
FRANCO: *Mas que tipo de mudança é essa?*
FRANCESCA: Uma mudança de pensamento.
VALERIA: Mas a revolução, no caso de Anaximandro, é um pensamento que se torna realidade.
FRANCO: *Um pensamento que se torna realidade?*
VALERIA: É uma coisa que você pensa, mas que poderia não ser verdade. E quando você percebe que é real, pra você, é ainda mais imaginário. Você tenta acreditar, mas, já que ninguém acredita, ninguém te encoraja, você perde um pouco a capacidade. Mas depois, quando você descobre que é verdade, aí é um sonho que se torna realidade.
MATTEO: Aí você acredita mais.
MARIANNA: Mas os sonhos, quando se tornam realidade, te parecem impossíveis.
SIMONE: A revolução é quando você muda completamente de gênero.
MATTIA: Eu acho que a revolução é uma criação, porque, quando você cria alguma coisa ou a imagina ou a cria em sua mente, aparece algo que nunca foi descoberto antes, e, pra mim, a revolução poderia até ser uma coisa que volta a esvaziar a mente dos outros. Praticamente todos nós, na minha opinião, muito tempo atrás, tínhamos a mente vazia. Aí depois, aos poucos, conhecendo tantas coisas, pedindo à professora, ao professor, à mamãe pra explicá-las, é que o nosso cérebro tomou, tipo, vida... Quando acontece uma revolução, a revolução volta a esvaziar a sua mente, porque você diz: em quem eu deveria acreditar? Antes, diziam que o mundo era plano, e você não sabe no

que tem que acreditar... Naquele momento, o cérebro está vazio.

FRANCO: *O que vocês acham dessa ideia de Mattia, de que a revolução esvazia o cérebro?*

MARIANNA: Na minha opinião, ela o preenche. Se alguém, antes, tem uma ideia, depois alguém diz que é outra, não é aquela, você a põe no cérebro, mas não quer dizer que esvazie tudo. Você a coloca com todas as outras coisas, com todas as coisas que pensava antes.

FRANCO: *E se as coisas juntas não ficarem bem, se entrarem em contradição?*

MARIANNA: Você deve decidir: ou isto ou aquilo. Na vida, você tem que tomar decisões.

VALERIA: É como se os pensamentos se espalhassem...

FRANCESCA: Talvez seja verdade, porque, quando você pensa uma coisa, se depois vem outra que pode mudar a primeira, a primeira vai embora.

MATTEO: Se você for escolher uma coisa, tem que ter duas.

MARIANNA: A revolução é tipo uma escolha. À ideia que já existia, você acrescenta umas novas, e você, naquele momento, com aquela ideia e as outras, tem que decidir entre elas.

GRETA: Pra mim, o que a Marianna disse está certo. Quando você pensa uma coisa, acha que está certa, e depois você talvez ache que está errada, pensa logo numa outra que pode ser mais certa, e depois uma outra e mais outra, e a sua cabeça se enche. Pra mim, a cabeça se enche, não se esvazia.

IRENE: Pra mim, a palavra revolução traz à mente algo que nunca aconteceu, como se fosse no princípio do mundo. Tinha dinossauros; depois, em algum momento, eles desapareceram, foi uma revolução. Uma coisa que a gente nunca viu, mas que existiu.

VALERIA: A palavra revolução, pra mim, também pode significar o tempo, que continua pra sempre, que nem a revolução. Se uma pessoa descobre algo, os outros cientistas associam tudo o que eles pensam e, no final, acabam chegando a uma única conclusão. A revolução é tipo o tempo, nunca termina.

Mais uma vez, estamos seguindo às cegas. Provoco discussões, e das palavras deles nascem pistas que tento, de alguma forma, alimentar, quando consigo. Mas, antes de correr para frente, como me daria vontade de fazer, faço um esforço e tento demorar um pouco em volta dessa incrível mudança de paradigma que teve lugar na cidade de Mileto seis séculos antes de Cristo. Pegamos, então, a argila e começamos a moldar as ideias do mundo que circulavam naquela época, com terras sustentadas por cobras indianas, colunas chinesas que seguram o céu, túneis subterrâneos indonésios que permitem ao sol e à lua reaparecer de manhã do outro lado da Terra. Enfim, consolidamos com nossas próprias mãos as ideias que Anaximandro, de uma só vez, jogou para o ar.

Faz tempo que, de fato, vou me convencendo cada vez mais de que *dar forma a um pensamento* permite que a gente se demore, entre nele, aprofunde. E o barro é o instrumento mais antigo de representação, que só a tolice de uma pedagogia preguiçosa e inimiga do corpo que manuseia conseguiu afastar das escolas. Acredito que deveria haver um bloco de argila em cada sala de aula, pela simples razão de que é um material natural, barato e versátil. É terra moldada com água, terra que contém e pode reter a água, terra que pode tomar as mais variadas formas e conservá-las quando cozida ao fogo. Combina, em sua *concreta*[7] simplicidade, a brincadeira da criança que modela e o gesto mítico do deus que dá forma e cria a vida. E eu gosto de pensar que, até em sua etimologia, aproxima-se do som de criar, verbo que deveria acompanhar todo crescimento.

Passamos alguns dias tentando representar a nossa ideia do cosmos, compondo improváveis universos tridimensionais com espuma de borracha, panos, arames e esferas de todo tipo. A tarefa nos diverte, mas não nos convence o suficiente, porque é realmente difícil representar corpos suspensos no espaço. Então, depois de ter observado, narrado e colocado essas nossas representações do

7 Em italiano *creta* = *barro* (NdT)

mundo em uma "casa dos universos", feita a partir de um caixote sobre rodas reciclado que encontramos abandonado do lado de fora da farmácia, tentamos nos aproximar das ideias sobre o mundo que circulavam na época do nosso Anaximandro.

Olhando para as ilustrações do *Livro das terras imaginadas*[8], descobrimos muitas imagens do cosmos, e com o barro, divididos em grupos, damos forma a essas ideias tão diferentes. Apenas uma coisa elas têm em comum: todos pensavam que a Terra deveria se sustentar em algo.

Apenas Tales acreditava que a Terra boiava na água, observa Lara, a menor da classe, que entrou para a escola um ano mais cedo.

Descobrimos que a ideia genial de Anaximandro, o primeiro a imaginar que a Terra flutuava livremente no cosmos, é também um pouco mérito do seu mestre Tales, que imaginou a Terra boiando no mar.

Enquanto ficamos observando nossas composições de argila, Fabio, uma criança que tem dificuldades, mas se empenha com grande esforço para ficar dentro dos raciocínios do grupo, de repente interrompe seus companheiros, a essa altura todos *anaximandrinos* convictos, dizendo: "Seja como for, a Terra é suspensa por um fio". Há um momento de silêncio, e não sabemos como responder. Seu raciocínio é resoluto e coerente e nos ajuda a entender por que mulheres e homens até muito inteligentes, por milênios, apesar de verem o sol se pondo de um lado e surgindo de manhã do outro lado, continuaram a acreditar que a Terra estivesse apoiada em algo.

Se não é marionete, é fantoche, pensa Fabio. Se não se sustenta por baixo, alguém tem que segurar o nosso planeta por cima. Depois de alguns instantes de incerteza, exclamo: "Fabio está certo! Claro que tem um fio que sustenta a terra, só que não dá para vê-lo

---

8 Guillaume Duprat, *Il libro delle terre immaginate*, Ippocampo Junior, Milano, 2009. (NdA) — Guillaume Duprat, *Le Livre des Terres imaginées,* Seuil, 2008. (NdT)

e não é feito de matéria. É a força da gravidade!". E logo começamos a experimentar com um balde cheio de água, que gira rápido sem deixá-la cair, "porque é a rotação que a empurra pra longe do centro", como observa Simone, e todos descobrimos o que realmente significa a palavra *centrí-fuga*. E a essa força, que Ylenia chama de "força ciranda", opõe-se a gravitação universal, que impele os corpos pequenos para perto dos grandes, como Newton descobriu 23 séculos depois de Anaximandro.

Em suma, começamos a *ver* que esta nossa Terra que flutua no espaço se *segura* porque é puxada por duas forças opostas. Depois, por sugestão do meu amigo Oreste Brondo, ele também professor e apaixonado experimentador de física com crianças[9], tentamos compartilhar e consolidar essa *visão*, desenhando com setas direcionais o equilíbrio que vem se estabelecendo e que torna possível a vida em nosso planeta. Frente a desenhos que fixam uma intuição ou uma ideia, as pessoas podem deter-se, adentrar-se, discutir a respeito.

Isso vale tanto para os traços rabiscados por Irene no quadro-negro quanto para um afresco de Rafael, como iríamos descobrir alguns meses depois. Olhar imagens e compartilhar pensamentos. Esse é um ponto que gostaria de frisar, e talvez possa arriscar algo mais. Em uma época de extraordinário movimento, simultaneidade e velocidade de visões, acredito que trabalhar demoradamente em torno de pinturas, desenhos e fotografias, propondo à atenção das crianças imagens fixas, que continuam inalteradas ao longo do tempo, seja um terreno educativo necessário, porque permite experimentar a permanência e a duração.

---

9 Oreste Brondo, *I figli di Archimede*, Junior, Parma, 2012. (NdA)

2

UMA VIAGEM AO REDOR DO ZERO

Acredito que a brincadeira mais antiga na vida da gente seja o esconde-esconde, em todas as suas possíveis variantes. Ainda bebês, brincamos de esconder objetos ou cobrimos o rosto imaginando não ser vistos, só por colocar as mãos diante dos olhos. Porém, a graça daquele primitivo desaparecer está no reaparecer, em voltar a encontrar o objeto desejado ou o rosto amado.

Retorno a esse jogo de desaparecimentos, que talvez evoquem e exorcizem medos maiores, pensando no zero, o símbolo matemático mais misterioso, que chegou ao Mediterrâneo apenas 9 séculos atrás. Para nominar o zero, a linguagem pediu ajuda ao vento, o elemento mais evanescente, tomando o som do latim *zephyrum*. O zero é, também, um dos muitos saberes interculturais, porque foi trazido até nós pelos árabes, que o tinham aprendido dos indianos, provavelmente na corte de Bagdá.

Reflito sobre suas origens, porque pretendo falar dele com as crianças, respondendo a uma questão colocada de repente por Francesca num dia de outono: "Professor, mas o que é o zero?".

FRANCO: *Se queremos tentar entender algo sobre o zero, procuremos entender onde está, onde podemos encontrá-lo.*

LUCA: Podemos procurar o zero na linha do tempo.

FRANCESCO: Se você faz zero vezes zero, dá zero.

MATTIA: O zero é o começo e o fim.

VALERIA: É o começo de uma coisa nova e o fim de uma coisa velha.
LUCA: É algo que não tem jeito de contar.
FRANCO: *Por quê?*
FRANCESCA: Porque, se você conta um, está contando; se conta zero, não está contando nada, não pode nem mostrá-lo.
YLENIA: É verdade, não dá pra contar.
MARIANNA: É algo que não dá pra ver.
SIMONE: É um ponto de interrogação.
MATTIA: É o único número que não tem alma.
LORENZO: Nenhum número tem alma, porque nenhum número fala. E você tem a alma pra falar, pra se mexer... Os números, quando estão nos livros, não se mexem.
MATTIA: O um tem alma. Se você o coloca sozinho e, em seguida, o coloca com outro número, dá um resultado. Se você fizer 1 mais 3, vai dar 4.
FRANCO: *Mas o zero existe?*
FRANCESCA: Existe, olha aqui. Eu o faço com um signo.
VALERIA: Com um círculo.
MARIANNA: Isso é um símbolo. Na minha opinião, você pode fazer todos os símbolos que quiser pras coisas que não existem. O zero não existe, porque, se você diz "eu tenho um sapato", o sapato existe, mas, se você diz "tenho zero sapatos", você não tem sapato nenhum, não tem nada; por causa disso, o zero não existe. As coisas que não existem são zero. Você não as vê, não existem.
FABIO: Eu tenho um par de sapatos, estão furados em baixo, têm um buraco, e os jogo fora. Se você não tem dinheiro pra comprá-los e anda sem sapatos, aí fica sem sapatos. É o zero.
MATTEO: Não se sabe se o zero é vivo ou não. Se estiver morto, você não o vê, não o ouve. Nós dizemos que é um símbolo que está vivo, que é um círculo, mas não sabemos se é assim. Poderia ter outra forma.
MATTIA: O zero é um número misterioso.
FRANCESCA: Todos os números são misteriosos. Até o um, por acaso a gente pode vê-lo? Nós é que demos essa forma a ele.

MARIANNA: Eu acho que esses são símbolos, mas os símbolos não valem nada, porque você também pode dar um símbolo a algo inventado.
FRANCO: *Você tem certeza de que os símbolos não valem nada?*
MARIANNA: Os símbolos valem algo, porque um símbolo mais um símbolo dá alguma coisa.
LORENZO: A escrita! É um símbolo e vale.
VALERIA: Os símbolos valem. Quando os indianos inventaram as cifras, deram aquela forma a elas por uma história.
FRANCO: *Por uma história?*
VALERIA: Sim. Daquele número, nasce uma história.
FRANCO: *Vamos tentar entender. Francesca diz que o zero existe, Marianna diz que não, diz que existe apenas o símbolo do zero, o que é uma coisa diferente. O que vocês acham?*
ERIKA: Pra mim, o zero existe, porque, apesar de valer pouco, depende de onde você o coloca.
SIMONE: Não estamos falando de zero nos números, se você coloca 1 e depois 00, aí vale muito, vale 100.
VALERIA: Não, vale muito pouco, o zero principal é aquele que vem antes do um.
LUCA: É uma coisa que não tem valor.
SIMONE: Pra mim, a Marianna tem razão. Se você bota o zero, o símbolo, é como se você não o colocasse, porque não vale nada.
LUCA: Talvez possa ser um ciclo, porque tem uma forma redonda.

A discussão é apaixonada e poderia durar horas. Nós a retomamos algumas semanas mais tarde, quando uma criança se confunde ao contar os anos que nos separam da primeira Olimpíada.

A questão do cálculo dos anos antes e depois de Cristo é um estorvo que acompanha as crianças desde o terceiro ano do primeiro ciclo. No capítulo dedicado à matemática nas recentes *Diretrizes* nacionais[10], faz-se menção aos números negativos no ensino primário, limitando-os a situações reais — e, de fato, se você olhar para um termômetro dia após dia transcrevendo as temperaturas em um gráfico e descobrir, em pleno inverno, que a coluna de mercúrio *desceu* até -3, a coisa não é tão difícil de entender. Mas o que significa ir para antes do ano zero na história? Por que tantas crianças erram ao calcular quantos anos se passaram desde o tempo da pirâmide de Quéops, que foi construída cerca de 2.500 anos antes de Cristo? Por que é tão difícil descobrir que se trata de 4.500 anos, somando 2.500 a 2.000, já que temos a sorte de viver numa época próxima a uma virada de milênio?

Não sei por quê, mas é difícil. Tento explicar a ideia de número negativo na história da maneira mais concreta possível, comparamos a linha do tempo com a linha de números que pintamos em sala de aula no primeiro ano, fazemos exercícios, desenhamos das formas mais engenhosas, divididos em grupos, uma faixa gigante do tempo, com as diferentes civilizações que se ladeiam e se entrelaçam entre si como as ondas de um vasto mar, e, todavia, muitas crianças, quando perguntadas *quanto tempo atrás Roma foi fundada,* têm dificuldade em somar os anos antes de Cristo com os anos depois de Cristo.

Quando nos deparamos com uma dificuldade de aprendizagem, nós, professores, mesmo sem querer, acabamos repetindo, repetindo e repetindo explicações, exercícios e interrogações, perdendo até um pouco a paciência, na esperança de que aquele bendito nó conceitual finalmente entre nas cabeças das crianças.

São situações em que, mesmo sabendo que não deveria fazê-lo, acabo desistindo, abdico dos raciocínios que parecem não ter efeito qualquer para alguns e desembarco no porto seguro das aprendizagens mecânicas confiadas à memória, que alguns alegam ser, em cer-

---

10 As "Diretrizes Nacionais para o Currículo do Jardim de Infância e do Primeiro Ciclo" tornaram-se leis estatais na Itália em novembro de 2012 e representam o ponto de referência para a didática na escola primária. (NdA) — No Brasil, equivalem às diretrizes nacionais organizadas pelo MEC. (NdT)

tos casos, *treinamentos* necessários. Acredito que já tenha resolvido o problema, porque agora todo mundo aprendeu a somar os números dos anos antes e depois de Cristo, mas o diabo continua à espreita.

Se, depois de um mês, repito o exercício, oral ou por escrito, eis que, de novo, muitos se confundem e erram. Se aprender significa assimilar com força um conhecimento e ter a capacidade de retê-lo, percebo que, neste caso, o que foi apreendido não foi retido, por não ter sido incorporado e adquirido. A rede de relações complexas nas quais se articulam nossos conhecimentos não conseguiu transformar-se o suficiente para receber essa nova aquisição e torná-la parte orgânica do meu pensar o mundo. Então, preciso me aventurar por outro rumo, tomar uma rota mais longa, porque às vezes, paradoxalmente, quanto mais fácil, rápida e direta é a estrada, mais são aqueles que se perdem e não chegam com os outros.

Encontro-me aí, diante do ímprobo zero que corta no meio a matemática dos anos, e resolvo voltar para a história, perguntando-me e perguntando às crianças quantos *anos zero* tem no mundo.

QUEM DECIDE QUANDO UM ANO É O ANO ZERO?

Quando frequentava a escola primária, mais de cinquenta anos atrás, alguns professores às vezes nos mandavam fazer as *pesquisas*, que, na maioria dos casos, não eram nada mais do que exercícios de transcrição de livros e enciclopédias que a gente tinha em casa. Um tédio terrível se você não estivesse apaixonado pelo assunto. E, claro, os ricos (de livros e disponibilidade das mães) eram fortemente favorecidos. Hoje, no que se refere às fontes de consulta, as coisas mudaram completamente. Quase todas as crianças têm uma conexão à internet em casa, e é comum que, se a gente estiver lidando com um tema e alguém se apaixonar por ele, no dia seguinte, traga páginas e mais páginas escritas em letras pequenininhas e *baixadas da internet*. Muitas vezes, quem as traz não as lê ou as folheia apenas superficialmente, mas tem a sensação de ter feito uma pesquisa e saber mais sobre o assunto, o que, em alguns casos, é verdade.

Assim, no dia seguinte ao nosso questionamento sobre o ano zero, eis que chega à aula uma massa disforme de informações, que algumas crianças exibem com satisfação. Lorenzo, o menor de estatura, mas de grande autoridade na classe, porque, entre os meninos, é o mais estudioso e versado, revela que nosso ano zero, ou seja, aquele em que Jesus Cristo nasceu, começou a ser contado apenas por volta do ano 800, isto é, desde que a Igreja Romana conseguiu desafiar e vencer o poderio do imaginário coletivo que vinculava, no Ocidente, o cálculo do tempo à fundação de Roma. Demorou oito séculos para que Cristo conseguisse esse lugar de extraordinária relevância na medição do tempo. Confesso que não sabia quando o ano zero cristão tinha sido *inventado*, e essa revelação do *doutor*, como Lorenzo é chamado de brincadeira pelos colegas, embaralha bastante nossas cartas. Matteo, pois, imediatamente pergunta: "Quem decide quando um ano é o ano zero?".

Como de costume, não respondo e tento esticar o caminho. Faço isso porque acho que deixar questões em aberto é bom para as crianças, mas também porque um monte de coisas que ensino, não conheço, e preciso, de fato, tomar um tempo para pesquisá-las com as crianças.

Começamos a pôr ordem, e escrevemos em um cartaz os anos zero encontrados. Temos a primeira Olimpíada dos gregos, a fundação de Roma dos romanos, o nascimento de Confúcio na China, algumas notícias mais contraditórias sobre o nascimento de Buda e, por fim, a internet, em seu reunir aleatoriamente as mais variadas informações, de maneira surpreendente faz com que Mussolini e Pol Pot entrem em cena. Dois personagens modernos que nos ajudam a esclarecer a questão crucial posta por Matteo.

As crianças ficaram muito maravilhadas com a ideia de que não se começou a contar os anos desde que Jesus nasceu, mas, ao refletirmos um pouco juntos, parece evidente que, para decidir que um ano é o ano zero, é necessária uma grande autoridade. “Não precisa apenas que alguém o decida — afirma com perspicácia Erika —, mas também que os outros concordem com ele!”.

Quem vai nos ajudar nessa difícil passagem são Mussolini e Pol Pot[11], dois ditadores arrebatados pela egolatria e o desejo de dominar, que têm em comum o propósito maluco de forçar todo mundo a contar o tempo a partir do momento de sua tomada do poder.

No dia seguinte, para concluirmos nossa investigação sobre o ano zero, retomamos a discussão.

MATTIA: O ano zero seria o nascimento de Cristo, ou melhor, pra nós, cristãos, é o nascimento de Cristo. O ano zero é o nascimento do calendário, mas os romanos, os chineses, todas essas outras civilizações têm seu próprio ano zero.
MATTEO: Eu acho que é algo ligado às religiões. Por exemplo, pros cristãos, está ligado ao nascimento de Cristo.
MARIANNA: Só que mesmo as pessoas não cristãs contam desde que Cristo nasceu. Na Itália, estamos todos em 2012.
LORENZO: Em outros países também.
MATTIA: Não é verdade. Pros muçulmanos, o 2000 é 1378.
VALERIA: Eu não entendi uma coisa: os gregos contam até hoje desde a primeira Olimpíada?
LORENZO: Não.
MATTEO: Mas isso não quer dizer que tenham parado de contar os anos.
YLENIA: Os romanos contavam os anos desde a fundação de Roma, que foi em 753 antes de Cristo.
FRANCO: *Mas como é que, em uma cultura, em um determinado momento, decide-se que um ano é o ano zero?*
FRANCESCA: Pode ser quando nasce uma pessoa (como o Confúcio) ou uma cidade (como Roma).

---

11 Ditadores respectivamente da Itália (*1928-1943*) e do Camboja (*1975-1979*). (NdT)

LORENZO: Uma coisa nova que aconteceu.

VALERIA: Ou então uma revolução. Por exemplo, a primeira Olimpíada foi uma revolução, porque substituiu a guerra.

SIMONE: Pra mim, os gregos escolheram as Olimpíadas porque antes faziam a guerra, mas agora, no lugar, faziam os torneios.

FRANCO: *Não é bem verdade, porque as guerras, eles faziam do mesmo jeito.*

IRENE: Claro. Nos outros dias, eles faziam guerra...

ERIKA: Pode ser quando nasce algo ou alguém importante. Mas cada país pensa de uma maneira diferente.

VALERIA: É um pouco de liberdade, também. Se cada povo pensa de forma diferente, também é liberdade.

MATTEO: Só que não, porque o professor nos disse, por exemplo, que, quando existia o comunismo cambojano, que era comandado por Pol Pot, um ditador, você não podia pensar o que queria, senão eles te matavam.

VALERIA: Mas isso na era moderna...

SIMONE: Se não tivesse ditadores que comandam, todo mundo poderia fazer o que quisesse Se, em Giove, não tivesse o prefeito ou a polícia, poderíamos fazer o que quiséssemos.

MARIANNA: O ano zero, pra mim, foi decidido por algumas pessoas que tinham o poder, ou por pessoas importantes. Confúcio, por exemplo, não é que comandasse toda a China, mas, já que era importante, os chineses decidiram que o ano zero seria aquele em que ele nasceu.

LORENZO: Eu achei na internet que a era cristã, ou seja, contar os anos desde o nascimento de Cristo, foi calculada pela primeira vez por Dionísio Exíguo em 523 e usada pela Igreja só depois do oitavo século. Algumas datas são de origem religiosa: os cristãos, os judeus, os budistas, os hindus, os muçulmanos, todos têm um ano zero ligado à religião deles.

MARIANNA: Depois, tem aquelas de origem "imponente", quer dizer, que impõem que o ano zero tem que começar desde quando eles assumiram o poder, como Pol Pot e Mussolini.

FRANCO: *E acabou que Pol Pot, no Camboja, quando assumiu o poder, em 1975, pra começar tudo de novo e construir o que ele chamava de "novo homem", destruiu todas as cidades e mandou matar dois milhões de pessoas em nome do comunismo. E Mussolini, aqui na Itália, inventou o fascismo e queria que todos contassem os anos a partir de 1922, quando ele tomou o poder. Depois, no 18º ano da era fascista, arrastou a Itália para a guerra junto de Hitler, e nessa guerra morreram 39 milhões de pessoas, e, nas câmaras de gás, foram queimados 6 milhões de judeus e meio milhão de ciganos.*

VALERIA: Então, o ano zero não é uma coisa boa.

GRETA: Depende.

MATTIA: Depende de quem está no poder.

FRANCESCA: Às vezes, você conta a partir de quando nasce algo, e então é poder de nascença.

Me dou conta de que a questão arrebata muito as crianças.

Começamos com uma dificuldade de compreensão matemática e fomos parar no enorme problema da relação entre história e poder, descobrindo que existem símbolos que, de alguma forma, consolidam o poder. Não quero deixar de lado essa oportunidade de aprofundar um assunto tão relevante para a compreensão da história, e já que estamos em dezembro, sugiro-lhes montar uma pequena peça de teatro sobre o ano zero, a ser representada no Natal.

Estão todos animados, porque, nos últimos cinco anos, o teatro sempre foi, para nós, o momento da *festa*, que é o momento de harmonia em que nos encontramos e em que reencontramos o sentido de estar juntos. E já que o que mais os impressionou foi a história desses dois ditadores que pretendiam deixar uma marca indelével na história alterando o cálculo do tempo, é daí que começamos a construir nosso texto teatral, que é uma espécie de jogo em rima, em que você nunca sabe em que ano estamos, porque cada um conta os anos do seu jeito.

HISTÓRIA E DITADORES

VALERIA: No nosso texto pro teatro, dizemos que Pol Pot e Mussolini são loucos. Mussolini queria conquistar a Rússia; só por isso, já dá para entender que era maluco.

FRANCO: *Mas como é que conseguiu fazê-lo?*

MARIANNA: Foi apoiado por todos, porque senão os matava. E um pouco também porque os sujeitava. Se alguém me diz "ou você pensa isso ou eu te mato", eu penso o que ele quiser.

FRANCO: *Mas, quando há uma ditadura, como a fascista, a coisa que mais impressiona é que a maioria das pessoas as apoia.*

MATTEO: A ditadura sempre ameaça.

SIMONE: Mas a ditadura também pode ser boa. Não é como se sempre tivesse que matar alguém.

MATTEO: Sim, mas você sempre tem que fazer algo para o ditador.

FRANCO: *Não se veem muitas boas ditaduras por aí...*

ERIKA: Pra mim, em vez de os países fazerem guerra entre si, deveríamos ajudar uns aos outros, porque cada país tem suas desvantagens. Em vez de fazer guerra e destruir um tanto de coisas que, pra reconstruir depois, você precisa um monte de dinheiro, é melhor que os países se ajudem uns aos outros. Assim, depois, não vai ter violência no mundo mais.

MARIANNA: Mas, se você dissesse a Mussolini ou Pol Pot o que Erika disse, eles não dariam a mínima.

MATTEO: Com eles, não tinha conversa.

VALERIA: Mas por que não os mataram logo, Mussolini e Pol Pot?

MATTEO: Porque eles tinham a potência.

FRANCO: *O problema é que os ditadores são sempre protegidos pelas armas.*

MATTEO: Eu acho que as pessoas importantes, que querem reorganizar o tempo e fazem sozinhas seu ano zero, que nem o Pol Pot e o Mussolini, talvez o inventem pra ficar na história.

FRANCESCA: Claro, eles sempre diziam: vocês têm que me seguir!

MARIANNA: Pra mim, muito poder leva à loucura.

MATTEO: Eu acho que a Marianna está certa, que poder demais leva à loucura, porque a pessoa tem tanto poder, quer ainda mais e vai, vai, arrisca tudo, mata os soldados porque quer mais poder, e depois não aguenta mais.

FRANCESCO: Se, por exemplo, o Mussolini continuasse sempre a fazer guerra, ele teria tomado mais terras, mas, depois de um tempo, os soldados estariam todos mortos. Se você conquistar coisas demais, não aguenta continuar.

FRANCESCA: Aqueles que tomam todo o poder não duram muito tempo, porque, em primeiro lugar, com todas as guerras que eles fazem, os soldados morrem, e depois porque as cidades que queriam conquistar podiam se aliar e ir contra eles.

YLENIA: Pra mim, é verdade o que a Marianna disse, os ditadores matam as pessoas e, por isso, são loucos.

LUCA: O Mussolini fez tantas guerras, conquistou tantos territórios, mas morreu um monte de gente, e aí quem ia morar naqueles lugares?

IRENE: Se alguém quer tantas coisas, nunca fica satisfeito, e por isso quer mais e mais e mais... e nunca é feliz.

ERIKA: A Marianna tem razão, porque quem quer o poder gasta um monte de dinheiro pra fazer a guerra e não se dá conta, porque, quando tem tanto poder, você não se dá conta do que está fazendo.

SIMONE: Pra fazer guerra, existe um motivo.

FRANCESCA: Mas o motivo é ruim, não é bom.

SIMONE: Não estou dizendo que seja bom, mas, pra fazer guerra, existe um motivo.

VALERIA: O Mussolini e o Pol Pot não percebiam que, sem um povo que os quisesse, eles não valiam nada.

MATTEO: Mas o motivo é só pra ele, não pros outros. Mussolini mandava os soldados matarem o povo porque queria a riqueza.

FRANCO: *Às vezes o poder encanta ainda mais que a riqueza.*

MATTEO: Mas o poder fica só pra ele. Os soldados trabalham pra ele, e ele leva todo o mérito.

FRANCESCA: Não percebe que é tão poderoso graças ao povo, e aí ele não o ajuda.
VALERIA: Quem teve a brilhante ideia de eleger Mussolini e Pol Pot?
FRANCO: *O Mussolini não foi eleito por ninguém, no início. Começou a tomar o poder pela força, organizando bandos de capangas que ameaçavam, surravam e às vezes matavam aqueles que não concordavam com eles. Depois, o rei é que lhe confiou o governo.*
MATTIA: Mas os bandos fascistas não poderiam ser detidos pela polícia e os soldados?
MATTEO: Mas talvez o exército estivesse do lado dele e não se importasse de vê-lo conquistando tudo.

MATERIAIS E MANOBRAS DE APROXIMAÇÃO

Quando apresentamos argumentos de história na escola, é sempre muito difícil identificar a linha de fronteira entre uma construção compartilhada de valores e a doutrinação das crianças. A questão, na verdade, aplica-se a todas as disciplinas que a gente ensina, mas a história, talvez por ser mais próxima à política, revela mais claramente as armadilhas que se escondem dentro desse problema.

Para ser mais específico, estou profundamente convencido de que seja nosso dever educar para a liberdade e a democracia e, portanto, apresentar às crianças momentos cruciais da história do século XX, como o fascismo e a Segunda Guerra Mundial, cujo desconhecimento torna impossível refletir sobre a Constituição — tarefa a que somos justamente chamados de forma prescrita. Mas o problema, como sempre, é *como* fazê-lo.

Quando tenho que enfrentar questões de história, sempre recorro a Nora Giacobini, uma professora extraordinária que, nos anos sessenta, participou da fundação do Movimento de Cooperação Educacional, na Itália, e com quem tive a sorte de me relacionar em 1977, em Roma, e depois em Cenci, onde viveu seus últimos doze anos. Nora dedicou toda a sua vida a ensinar com vigor e paixão e sempre defendeu com veemência que, para ensinar a história, é necessário começar pelos *materiais*. Bom educador não é aquele que leva seus alunos a pensar o que ele pensa, mas aquele que fornece elementos, ideias, percursos e conexões para que crianças e garotos possam *penetrar* os eventos da história, cada um à sua maneira.

Nora sempre falava de *manobras de aproximação*, porque tinha noção de que a história é longínqua e não existe mais. Então, para quebrar essa distância temporal e mergulhar em uma temática, é necessário percorrer um longo caminho e travar uma luta *corpo a corpo* que só pode ser íntima e pessoal. A imagem mais nítida de como Nora fazia escola me vem através das memórias vívidas de Giorgio Testa[12], que se deparou com ela quando jovem adolescente em uma escola secundária em Tivoli[13]. Nora estava falando com empolgação sobre Sócrates e, de repente, percebendo o quanto a conversa tinha *tomado* seus alunos, rasgou literalmente o *Simpósio* e distribuiu aos garotos os discursos sobre o eros feitos pelos participantes naquele banquete contado por Platão, entregando-lhes as páginas arrancadas.

Esse gesto tem, no cerne, uma ideia aberta e ousada da didática. Não conta o livro, que nunca é *sagrado*, mas o ato de fazê-lo seu e, ainda mais, o ato de compartilhá-lo. A cultura é uma coisa viva, pode ser fragmentada e assimilada por cada um à sua própria maneira, porque se constrói através de uma relação intensa e pessoal que, depois, se é capaz de compartilhar com outras pessoas.

Trabalho em equipe é crucial, mas é na relação individual e íntima com os textos e as imagens e os problemas que cada um deve poder se demorar e formar suas próprias ideias. É aí que o *diálogo*, esse dom extraordinário de Sócrates para Platão e para todos nós, mais uma vez se torna vivo e verdadeiro entre os adolescentes dos

---

12 Giorgio Testa é psicólogo da idade evolutiva e operador teatral. Participa do Movimento de Cooperação Educativa (MCE) desde 1958. (NdT)

13 Município italiano da região do Lácio, província de Roma. (NdT)

anos cinquenta em Tivoli, assim como entre as crianças de Giove hoje. Porque é no *diálogo* que está a essência de toda prática educativa, e isso é algo que nunca deveríamos esquecer.

Deixei-me levar pela ênfase porque, cada vez que penso em Nora, é como se a urgência e a necessidade de suas escolhas educacionais tomassem posse de mim.

Nora viveu o fascismo e a guerra, e aquela experiência a havia marcado tão profundamente que, apesar de amar com paixão a música, abandonou o piano e escolheu dedicar-se de corpo e alma à educação, ensinando, inicialmente, história e filosofia na escola secundária, depois letras em várias escolas primárias nos subúrbios de Roma.

Incapaz de se submeter a tantas regras absurdas, que calcificam a instituição, era conhecida em sua escola pelo contínuo e barulhento *arrastar* das carteiras. Aquela modificação de espaços era necessária para permitir aos alunos trabalhar em grupo e para introduzir momentos de pesquisa vivos e vibrantes — que, na época, tomaram o nome de *animação*.

Para dar alma ao ensino da história, Nora trabalhava semanas e às vezes meses na preparação meticulosa dos *materiais de trabalho*. Acredito que apoiar-se em textos originais, imagens e fragmentos seja fundamental em qualquer idade, porque oferece a crianças e garotos a liberdade de construir seu próprio caminho de conhecimento, pesquisando e raciocinando a partir de sua própria inteligência, seu próprio estilo de pensamento e sua própria sensibilidade. Mas não é coisa fácil de se fazer, porque requer um enorme trabalho de antemão, na preparação dos materiais, e uma leitura igualmente profunda dos resultados mais adiante, para devolver a cada um a dignidade do percurso feito.

Nora dedicou anos à coleta de materiais sobre o nazismo, experimentando e propondo às crianças uma abordagem dessa tragédia a partir do olhar de uma criança. Chamou aquela pesquisa de *O Pequeno Polegar na história*, e a urgência e a necessidade daquele percurso entraram em ressonância, para mim, com a leitura de *A história*[14], que Elsa Morante havia publicado naqueles anos.

Nesses anos de grande efervescência política e cultural, alguns professores substituíram os livros didáticos por *bibliotecas de trabalho*, transformando radicalmente o ensino. As possibilidades de se construir bibliotecas e materiais de trabalho de maneira autônoma agora são muito mais amplas, graças à internet e à rede. O que me parece fazer mais falta é a coragem de inovar radicalmente, quebrando hábitos, conformismos e preguiças mentais.

DÁ PARA LEVAR OS NÚMEROS AO TEATRO?

Voltando ao nosso relato, encontrei um livro precioso no armário do sótão da escola. São textos indicados para estudantes do terceiro ano de 1938. Tem Mussolini comentando todo conto de fadas e histórias com suas frases retóricas, pomposas e altissonantes, e depois, folheando com as crianças aquelas páginas frágeis consumidas por décadas de poeira, encontramos um conto sobre Rômulo e Remo que nos impressiona muito. Trata-se de uma exaltada narrativa do assassinato do irmão, por parte do fundador de Roma, apresentada como uma prova de coragem necessária a quem quiser construir a história. Uma forma indireta de entendermos que ideia do mundo tinha Mussolini, que daí a umas semanas Mattia representaria no palco de forma magistral, inventando um Rômulo autêntico e picaresco, que provoca o manso Remo intimando-o a não tentar pular a cerca.

Na maneira *grotesca* com que as crianças improvisam teatralmente esse mito, Roma é fundada por um jovem violento, que se orgulha do assassinato de seu irmão. Quem comenta a cena do crime é uma estarrecida Francesca, que se pergunta o que há para ser comemorado no aniversário de um assassinato, que os romanos es-

14 Elsa Morante, *La storia*, Einaudi, Torino, 1974. (NdT)

colheram como a data para o seu ano zero. "Os gregos eram melhores" — argumenta Lara com firmeza — "porque contavam os anos a partir da primeira Olimpíada. E eles, quando faziam as Olimpíadas, interrompiam todas as guerras".

Eis como, a partir de um detalhe, algumas meninas descobriram uma diferença crucial entre a cultura grega e a cultura romana. Estou muito feliz com a intuição de Lara, imediatamente compartilhada por suas colegas e, em seguida, pela classe inteira. Essa discussão entre Mattia, Francesca e Lara — reflito — não aconteceu quando coletamos informações sobre a história do ano zero. Aconteceu quando tentamos *restituir* esses nossos conhecimentos dando-lhes uma forma, quando procuramos representar, através do teatro, nosso percurso de investigação.

O teatro comporta como necessidade fazer *ensaios*, que, em francês, não por acaso, são chamados de *répétition*. E foi voltando e voltando e retornando muitas vezes ao tema dos anos zero que pudemos manter vivos, por um bom tempo, a nossa atenção e o nosso interesse por esse detalhe tão relevante.

Piergiorgio Giacché, um amigo antropólogo de Perúgia[15] que convidei várias vezes para as apresentações dos meninos de Giove, argumenta que nosso teatro é um exemplo de *repetição*, no sentido literal do termo, que nomeia o *re-petir*[16], ou seja, o pedir e continuar a pedir por várias vezes.

De vez em quando, no trabalho de educar, é muito importante ter um olhar externo, porque nos ajuda a entender melhor o que estamos fazendo.

Eu amo o teatro e, desde que trabalho na escola, sempre fiz teatro com as crianças, em qualquer matéria que fosse ensinar. Mas agora, no trabalho deste ano, percebo o quanto o teatro nos ajuda a parar e permanecer demoradamente nas coisas. Como nos ajuda

15 Capital da região italiana da Úmbria (NdT)

16 Em latim, *petere* = pedir (NdT)

a experimentar o sentido da *duração*, tão aviltado hoje em dia pelo turbilhão de estímulos que cerca as crianças, numa época que as quer consumidores compulsivos e nada mais.

Observando de quais descobertas são capazes, quando lhes é dada a liberdade de demorar-se por algum tempo em uma temática, penso que a escola não deveria perseguir modas e modos de nosso tempo, e sim ser um lugar onde você joga e põe em jogo as idiossincrasias do tempo e da sociedade em que nos ocorre de viver.

O que é cultura, por outro lado, se não a crítica e a capacidade de discussão sobre os acontecimentos? O que é a arte, se não rebeldia contra seu próprio tempo e proposta de outros olhares sobre o mundo? O que é a ciência, se não voltar a pôr constantemente em discussão o que damos por assumido e verídico?

E a escola não deveria ser um templo de cultura, arte e ciência?

É difícil, é claro, muito difícil tornar tudo isso vivo e concreto. Mas, quando vejo as crianças descobrirem algo, quando reparo como seus olhos subitamente se enchem de vida, felizes por haverem percebido nexos e conexões que ninguém havia identificado antes, é como se, de repente, fosse criado um curto-circuito entre o mundo, a *floresta de símbolos* com os quais o temos envolvido ao longo de séculos de palavras, e a sensibilidade infantil, que é extraordinariamente sutil e aberta, quando permitida.

No Natal deste ano, apresentaremos a peça com as crianças do terceiro ano, onde ensino Ciências e Geografia. Assim, ao lado do zero na história, proponho encenar, também, o zero na Geografia, com as crianças menores narrando, ironizando a escolha do meridiano zero — que, não por acaso, passa por Greenwich, o subúrbio de Londres onde estava a sede da Sociedade Geográfica da maior potência militar da época.

Zero redondo é o título que escolhemos para a nossa pequena montagem. E já que a apresentação mistura notícias históricas com raciocínios de crianças, começa com estas falas que extraí de uma de nossas inúmeras discussões sobre o zero:

MARIANNA, YLENIA, GRETA: Gente, mas o que é o zero?
MATTIA: O zero é um número que não é um número.
SIMONE: Não é nada.
FRANCESCA: É um início.
FABIO: É vivo, é verdadeiro.
VALERIA: Não, é morto!
LUCA: Não expressa nada.
FRANCESCO: É o vazio.
YLENIA: É o nascimento de uma coisa nova.
MATTEO: É o espaço.
LUCA: É algo que não pode ser contado.
MATTEO: Então é descontado.
SIMONE: É um ponto de interrogação.
ERIKA: Às vezes é útil, às vezes não.
LARA: Existe, mas não dá pra ver.
FABIO: Não anda e não fala.
LUCA: É afastado.
MATTEO: Como assim?
LUCA: É isolado, ninguém o quer.
MATTIA: É misterioso. O zero é a fantasia dos números.
YLENIA (sussurrando): O zero, a gente não consegue ouvir...

CRIANÇAS ANTEPASSADAS

Anos atrás, quando meu filho mais velho era pequeno, certo dia o levamos a uma médica homeopata bem anciã, conhecida por sua experiência e sabedoria. Antes de atender o Icaro, a médica fez muitas perguntas a mim e à mãe dele. No final, ela me perguntou qual era meu trabalho e, quando soube que era um professor de escola primária, comentou: "Ótimo ofício para você. Pode mandar e decidir tudo que quiser e não deixa de ser amado pelas crianças, que obedecem docilmente a cada proposta sua". A frase me impressionou muito, e a guardo comigo há trinta anos. Ao contrário dos professores do final do ensino fundamental e do ensino superior, nós, professoras e professores do ensino primário, se colocarmos um mínimo de alma em nosso trabalho, é difícil que não sejamos amados. Mas como lidamos com esse enorme poder que exercemos sobre meninas e meninos que acabam ficando com a gente sem ter escolhido?

Quando comecei a trabalhar como professor de escola primária em Roma, num bairro de periferia chamado Magliana, estudava filosofia e fiquei impressionado com a consonância aparente entre os fragmentos de alguns filósofos pré-socráticos e certas frases que as crianças às vezes pronunciavam.

Tratava-se apenas de uma assonância, aflorada através da emoção com a qual escutava pela primeira vez a linguagem e as maneiras surpreendentes com que as crianças narram o mundo. Com o decorrer do tempo, entretanto, aprendi que até as consonâncias aleatórias devem ser ouvidas, porque podem ajudar a enfrentar uma necessidade que quem educa deve sempre buscar: a de colher nexos e ressonâncias entre coisas diferentes e proteger tudo o que ajuda a criar significado, beleza, harmonia. Harmonia no sentido mais arcaico, que parece dar nome à exata conexão que liga o carro ao eixo que segura o arado. Portanto, uma conexão concreta, útil e eficaz que depois, ao longo do tempo, a língua foi associando à música.

Quando nos movemos em direção às crianças, inevitavelmente voltam as memórias de nossa infância, e, de alguma forma, nos aproximamos de coisas que têm a ver com os primeiros passos pisados por nossos ancestrais milênios atrás, porque toda criança é sempre, ao mesmo tempo, um nosso antepassado.

E já que as palavras são, para nós, os achados arqueológicos de mais fácil alcance, se quisermos empreender uma viagem para trás, frequentemente poderemos partir da etimologia das palavras.

No primeiro grau, por exemplo, a gente se depara com a palavra *cálculo*, que quer dizer seixo. É uma palavra que não esqueço, porque, tendo retirado a vesícula cheia de cálculos aos 17 anos, sei muito bem que se trata justamente de pedras. Mas o que é que as pedras têm a ver com o calcular?

Imagine um pastor que volta dos pastos, à noite, e tem que contar quantas ovelhas trouxe de volta ao redil. Talvez tenha uma bolsa de couro apoiada no chão e, para cada ovelha que passa, tira uma pedra da bolsa. No final, se tiver tirado *todas* as pedras que pôs de manhã, quer dizer que *todas* as ovelhas voltaram. As crianças se agacham, têm que sair da sala passando por baixo de um banco de quatro, e uma criança-pastor, cada vez que vê um colega passar, pega uma pedra da pilha que preparei e a coloca dentro de uma velha panelinha. Eventualmente, na panelinha, há *a mesma quantidade* de pedras do que de crianças-ovelhas que saíram para pastar no corredor. Podemos calcular sem conhecer os números. Saber se tem todas, se está faltando alguma, se tem a mais ou a menos.

Fazendo essa brincadeira, encontramos uma grande quantidade de noções matemáticas, e não sei por quê, mas as crianças se lembram dessa pequena *atividade educativa* até o quinto ano. Acho importante começar contando ovelhas, porque o cálculo antecede os números e certamente, por milênios, foi feito por analfabetos.

Este ano, de novo no primeiro ano do primeiro ciclo, temos na classe uma criança surda, e, junto de seus colegas e com a ajuda de uma auxiliar de inclusão, que o acompanha, estamos tentando aprender os rudimentos da LIS, a língua italiana de sinais. Ora, a LIS tem para a palavra *mais* dois sinais distintos, um indicado pelo gesto de uma mão que traz algo para a outra mão — as pedrinhas do pastor —, o outro representado pelo dedo indicador que se abre e se afasta do polegar que está apoiado na outra mão, indicando um espaço que se acrescenta a outro espaço. Eis como o *discreto* e o *contínuo*, o acrescentar elementos separados, do cálculo aritmético, e o expandir uma distância no espaço contínuo, da geometria, são representados de maneira icástica na linguagem de sinais.

Mas, entre contar ovelhas com pedrinhas e marcar no chão os

limites de uma fazenda, há uma passagem de civilização do tamanho de uma época, porque, do pastoreio, estamos passando à agricultura. De estepes, savanas e colinas habitadas por pastores nômades, chegamos às terras férteis perto dos grandes rios, habitadas por nossos antepassados que escolheram se tornar sedentários.

A ideia de que a aritmética e a geometria surgiram da tentativa concreta de lidar com problemas de pastores e agricultores que viveram há milhares de anos parece-me oferecer às crianças — e a nós, que ensinamos — um horizonte de referência amplo e cheio de imagens poderosas, de que temos imensa necessidade, porque a menina ou menino que começa a contar, a reconhecer as letras, a mover-se entre os símbolos que chamamos de cultura, está dando, às vezes com grande dificuldade, um salto enorme, ao qual deve-se dar significado e fôlego.

Muito se tem falado sobre *currículos*, que as escolas agora são chamadas a elaborar no intuito de adaptar a aprendizagem dos diferentes conhecimentos à realidade das crianças em carne e osso na nossa frente, bem diferentes uma da outra. Mas, para que a sequência de objetivos não se torne uma lista árida de noções a serem aprendidas o mais rápido possível e verificadas através de testes rápidos, devemos enriquecer a cada dia o imaginário nosso e dos meninos ao redor das raízes desse *anseio de conhecer* que caracteriza nossa espécie. Caso contrário, a escola separa e arranca o aprender a ler do amar a leitura, o aprender a contar do entender que a matemática é uma área fascinante a ser explorada, em que cada um pode fazer suas descobertas. E essa separação violenta entre aprender e amar, muitas vezes, não se apaga mais.

Pessoalmente, acho que a mais bela sequência de conhecimentos que deveríamos propor na escola primária foi escrita por Ésquilo há 2.500 anos, na tragédia dedicada a *Prometeu acorrentado*[17]:

17 Eschilo, *Prometeo incatenato*, traduzione di E. Mandruzzato, in Il teatro greco, tutte le tragedie, Sansoni, Firenze, 1970. (NdA) — Ésquilo, *Prometeu acorrentado*, adaptação de A. C. Olivieri, Editora FTD, São Paulo, 2003. (NdT)

Ouvi, porém, as tribulações dos mortais
ouvi como, de parvos que eram,
os tornei racionais e dotados de inteligência.
Quero contá-lo, não porque tenha queixa da Humanidade,
mas para demonstrar quão amistosas
foram as minhas dádivas.
Eles, antes, olhavam à toa, sem ver,
escutavam sem ouvir.
Por toda a sua longa existência, tudo confundiam
sem tino, como vultos vistos em sonho.
Desconheciam casas de tijolos ensolaradas
e não sabiam lavrar a madeira.
Moravam sob a terra, como as ágeis formigas,
no fundo sem sol das cavernas.
Não conheciam nenhum sinal seguro do inverno,
nem da primavera florida, nem do verão frutuoso.
Tudo faziam sem saber, até quando lhes ensinei
o orto dos astros e seu obscuro poente.
Inventei para eles o número, a suprema ciência,
bem como a escrita que tudo recorda,
arte-mãe de toda cultura.
Fui quem primeiro ligou sob jugo os animais,
escravizando-os à canga ou à sela,
para substituírem os mortais nos trabalhos mais penosos,
e atrelei ao carro cavalos dóceis à rédea,
ornamento aparatoso à opulência.
Ninguém, senão eu, inventou para os navegantes
os carros de asas de linho, que cruzam os mares.

Nessa tragédia, Prometeu, castigado pelos deuses por ter doado a nós, seres humanos, o fogo do conhecimento, reivindica o valor de suas dádivas, que, de modo exemplar, narram uma ideia de evolução e desenvolvimento da civilização baseada na inteligência e na capacidade humana de entrar em relação com o mundo.

Em primeiro lugar, ofereceu a nós, mudos como recém-nascidos, pensamento e consciência através do amor de uma dádiva. A palavra, portanto, vem a nós através de um dom e do amor, como bem sabe cada ser gerado por uma mulher cuja língua chama-se materna, para lembrar-nos que é na relação que nasce a fonte primária de todo conhecimento.

Depois do amor e do dom, vem a cura dos sentidos: não só olhar, mas ver; não só ouvir, mas escutar. Para sair de uma época vaga e confusa, Prometeu nos convida a observar o levante e o ocaso dos astros, aquela astronomia elementar[18] que tanto apaixona as crianças, que desde o mundo arcaico até hoje é fundamento de toda visão do espaço e todo compasso do tempo, ainda que a escola pareça ter esquecido tudo isso. Depois vem o número, que Prometeu chama de primeiro conhecimento, e a escrita, que é, ao mesmo tempo, memória e mãe da arte das musas.

Em poucos versos, todas as nossas tarefas básicas são descritas em uma ordem precisa e cristalina, que me parece extremamente atual.

Passamos, então, para o ensino superior, onde deveríamos aprender como domesticar os animais e a arte de construir navios e velas para as viagens, que tanto poderiam ajudar os garotos na adolescência a crescer, mas que, acredito, seriam realmente impossíveis de implementar na escola, se esta continuar do jeito que está...

Voltei às palavras da tragédia e do mito porque estou profundamente convencido de que ir em direção à origem pode nutrir o Ensino Fundamental, e frequentar as culturas antigas não diz respeito unicamente ao ensino da história.

---

18 Franco Lorenzoni, *Con il cielo negli occhi*, Editora La Meridiana, Molfetta, 2009. (NdA)

TALES EM GIOVE

Durante o outono e o inverno, passamos muitas semanas com Tales.

Tudo começa com o desafio de medir a altura do castelo, isto é, descobrir um artifício matemático para calcular algo que não dá para medir.

O castelo de Giove domina o pequeno e antigo povoado e está fechado há anos, porque pertence a um produtor americano de seriados de cinema que o comprou da juveníssima Cinzia Chantal Maddalena Acquarone, filha do conde Cesare Acquarone, assassinado ao final de uma tumultuada festa em Acapulco, não se sabe se pela esposa ou a sogra. O milionário americano que o comprou em um leilão acabou se endividando, não pagou e fugiu. Símbolo de poder e riqueza longínquos, aos olhos das crianças, é um lugar misterioso e inacessível, um pouco como deviam parecer as pirâmides aos viajantes — pensei em um ventoso dia de outono. Então, proponho às crianças que meçam sua altura como fez Tales de Mileto com a imensa pirâmide de Quéops.

Tales, pelo visto, foi o primeiro a dizer *conhece a ti mesmo*, e foi também o primeiro a pensar em investigar a natureza sem botar os deuses na fita. Podemos, portanto, dizer que *inventou* a ciência e fez importantes descobertas de geometria. Apesar da historieta de que caiu em um buraco porque nunca parava de observar o céu, ele foi um homem prático, que, prevendo um ano de boa colheita de azeitonas, comprou algumas moendas. Fazia, portanto, comércio de azeite, e foi provavelmente a negócios que viajou para o Egito, onde toda pessoa curiosa naquela época tinha muito para aprender.

Para nos aproximarmos de Tales, serramos um pau com um metro de altura e, para sustentá-lo, parafusamos na sua base pedaços de madeira cruzados. Na base do pau, colamos uma trena de metal e depois, na parte da tarde, quando as sombras se alongam, esperamos que a sombra do pau chegasse a medir exatamente dois metros. Naquele dia, a hora mágica que estávamos esperando caiu às 15:46. Nessa hora, pois, todas as sombras medem o dobro dos objetos iluminados pelo sol. Irene, que mede 144 centímetros, tem uma sombra de 288 centímetros, e o pequeno Lorenzo, com 130 centímetros de altura, tem uma sombra de 260 centímetros.

Sem perder tempo, nos apressamos a medir a sombra do castelo com uma fita. Tem 76 metros de comprimento, e, num piscar de olhos, Lorenzo deduz que nosso inacessível castelo tem 38 metros de altura.

Em Matemática, raciocinando sobre as proporções, demos um jeito de desenhar e recortar no compensado vários triângulos retângulos semelhantes. Francesca, particularmente intuitiva, descobriu que é possível fazer *deslizar* os triângulos uns sobre os outros de várias maneiras, porque os três ângulos são iguais. O fato de manipulá-los, sobrepô-los e poder movê-los no espaço, porque feitos de madeira, torna a sua intuição mais compreensível para todo mundo.

Agora temos que dar um salto. Passar dos nossos triângulos de madeira para os triângulos invisíveis que luz e sombra desenham no espaço. Se eu for medir uma árvore de cipreste com a sua sombra, de fato, vejo o cateto vertical formado pela árvore e posso observar o cateto horizontal olhando para a sombra, mas, para *ver* o terceiro lado oblíquo, preciso *imaginar* a linha que liga a ponta da árvore à ponta da sua sombra. Essa é a linha desenhada por um raio de sol, que alguns veem e outros não.

Para que todos a *vejam*, é necessário que, pelo menos uma vez, aquela linha se materialize. E por isso ocorre às crianças, acostumadas a fazer geometria usando cordas, elásticos, canos e paus, construir o terceiro lado no espaço com um barbante. É Matteo que, com firmeza, desenrola o novelo e mostra a todos o triângulo corpo-sombra-raio de sol, evidenciando a luz com um barbante que liga o topo da cabeça ao topo da sombra de Fabio. Divididos em grupos de três, para melhor esticar os barbantes, eis que as crianças fazem aparecer, naquela tarde de outono, cinco triângulos em pé feitos de ar e, no entanto, visíveis.

Tales nos ofereceu o meio de medir nosso castelo, e a um convidado tão generoso não podemos não dedicar um longo tempo de atenção e estudo. Empolgamo-nos, assim, a estudar sua história, em grande parte hipotética, baseando-nos em diversas fontes. No fim, o retrato que reconstruímos do genial *inventor* da geometria e da filosofia, composto por vários trechos de livros e por nossas considerações, se não é totalmente plausível do ponto de vista histórico, faz com que nos aproximemos de um mundo em que os questionamentos estavam se multiplicando, e novas ideias, nascendo. Um mundo muito distante do nosso, é verdade, mas próximo de algumas questões que as crianças põem.

A escola tem o vício de separar tudo precocemente. Mas imagine que as crianças se deparem com um homem que *viu* uma semelhança entre o triângulo que uma pirâmide forma com a sombra dela mesma e o triângulo que o corpo de um homem forma com a sombra dele mesmo e que depois disse, também, *conhece a ti mesmo*. É possível que surja nelas, espontaneamente, a intuição de que pode haver uma relação entre as duas coisas: a relação entre conhecer e conhecer-se, que está na base de toda Pedagogia que não queira abandonar o sentido do educar.

Há uma outra conexão que encontramos estudando a história de Tales. A conexão entre as proporções e a democracia. Todo poder autoritário se funda no elogio da desproporção. Se eu conceber e construir meu túmulo de faraó alto como uma montanha e empregar anos de trabalho e milhares de escravos para construí-lo, estou dizendo a todos, com a linguagem das pedras, que não há nenhuma proporção possível entre mim, que comando, e aqueles que são forçados a me obedecer.

Mas, se um viajante grego, que vem de uma cidade de comerciantes independente de quaisquer impérios, descobre que a imensa pirâmide é mensurável com um pequeno bastão, um raio de sol e tão somente a inteligência, sua *arte de olhar*, chamada de Geometria, está minando pela raiz o meu poder, que, para ser *absoluto*, deve ser inatingível, misterioso e imensurável.

Não sei se a parábola sugerida por Denis Guedj[19] corresponde à verdade, mas eu gosto dela e a conto às crianças.

---

19 Denis Guedj, *La chioma di Berenice*, Teadue, Milano, 2005. (NdA) — Denis Guedj, *Les Cheveux de Bérénice*, Éditions du Seuil, Paris, 2003. (NdT)

3

PITÁGORAS E A BUSCA SEM FIM PELA RAIZ DE DOIS

Em janeiro, retomamos a pesquisa sobre matemática antiga, porque tenho um grande desejo de concluir nossos cinco anos com uma mostra matemática.

Devo a ideia de fazer com os meninos *exposições matemáticas* a Emma Castelnuovo, que tive a sorte de ter como professora no ensino médio. A sua longevidade e o meu desejo de ser seu aluno pela vida inteira nos permitiram nunca interromper nosso relacionamento. Assim, depois que cumpriu seus 88 anos, me encontrei, um dia, entre os amigos que ela reuniu na sua casa em Roma, e aos quais Emma pedia que fizessem algo para que sua pesquisa sobre materiais didáticos não acabasse desperdiçada. Tentando dar vida ao seu desejo de continuar contribuindo para a renovação de uma escola que tem se beneficiado muito pouco de suas descobertas, de doze anos para cá, na Casa-Oficina de Cenci, organizamos e hospedamos a sua *Oficina matemática*. São três dias em que vão se alternando nossos laboratórios e suas aulas, com a participação de professores de toda a Itália.

As minhas melhores lembranças de Emma Castelnuovo remontam a cinquenta anos atrás, quando nos fazia *entrar na matemática*, dando a cada um de nós, garotos, a ideia de que todo dia poderíamos descobrir algo novo.

Com ela, a Geometria e a Aritmética se transformavam continuamente, revelando-se como um território sem fronteiras. Um território a ser explorado, rico de figuras e números, em que cada um era convidado a descobrir a beleza de correspondências inesperadas.

Manuseávamos barbantes, elásticos e ripas de madeira, convidados com entusiasmo a construir figuras e conjecturas sem poupar esforços. Eu digo *com entusiasmo* porque a primeira coisa de que me lembro sobre ela é o ímpeto com que entrava na sala de aula no mesmo instante em que tocava a campainha, como se tivesse pressa de entregar-nos coisas a serem descobertas, para *aprender a raciocinar bem sobre figuras malfeitas*, como ela costumava dizer.

Desde que ensino na escola, tudo o que faço é tentar imitá-la, nem tanto pelo que aprendi, já que continuo sendo um amador nessa matéria, mas pelo espírito de liberdade e ousadia cognitiva que se respirava com ela em sala de aula.

O DIA EM QUE FRANCESCA DESCOBRIU UMA NOVA LEI MATEMÁTICA

Por isso, no terceiro ano, quando Francesca me trouxe uma folha de papel dobrada em dois, afirmando triunfalmente ter encontrado uma lei matemática, logo pensei em Emma e na alegria que nos dava quando seus olhos brilhavam e ela — sempre tão composta e, de certa forma, austera — nos dizia saltitando pela sala: *Hoje você fez uma descoberta matemática!*

Nessa ocasião, Francesca argumentou que o retângulo é aquela figura que, com uma única dobra, dá origem a um quadrado. Refleti sobre isso um momento e, de fato, nenhuma outra figura é capaz de fazer isso. Então — imitando inconscientemente Emma — disse em voz alta para todos: *"Hoje Francesca descobriu uma nova lei matemática".* Existe, de fato, uma pequena exceção à *lei* proposta por Francesca, que Matteo identificou rapidamente: "Se esse retângulo já é um quadrado, como é que fica?". Examinadas várias hipóteses, chegamos à conclusão de que, se a folha já é quadrada, a dobra deverá ser feita no limite da folha e será invisível. Assim, com a cautela de incluir entre as possíveis dobras também a *não dobra* ou *dobra zero*, sugerida por Matteo, a lei de Francesca funciona. E eu a escrevo aqui porque quem a confirmou, divertida pela singular descoberta, foi Emma Castelnuovo em pessoa.

Agora, já que neste ano Emma cumpre 100 anos, é a ela que eu gostaria de dedicar uma mostra, que ainda não tenho a menor ideia de como realizar.

Vamos, então, começar por Pitágoras.

Assim, embora não tenha nada a ver com o programa que deveríamos desempenhar no quinto ano, em uma manhã de janeiro, resolvo contar às crianças o teorema de Pitágoras. Afinal, por que adiar o encontro com uma descoberta tão bela?

Já tínhamos encontrado algumas propriedades dos números que compõem o triângulo retângulo refletindo sobre a palavra *geometria*. Descobrimos, na época, que a geometria era, de alguma forma, um presente do Nilo. Se suas águas não tivessem tido a característica peculiar de inundar todo ano o vale habitado pelo grande rio, talvez os egípcios não tivessem se ocupado e preocupado tanto em, a cada vez, redesenhar os limites de suas terras. Pelo contrário, parece que, todo ano, depois que a água voltava a fluir no leito do rio, lá estavam remedindo e redesenhando as divisões entre os terrenos. Era, portanto, necessário medir e desenhar a terra o tempo todo, e já que o ângulo mais prático para desenhar porções de terreno é o ângulo reto, foram justamente os egípcios que descobriram como construir um *ângulo reto portátil*. Se você divide em 12 segmentos iguais uma corda e a *marca* com nós, pode formar um triângulo que tem um lado com comprimento 3, um com comprimento 4 e um com comprimento 5. Se a gente for observá-lo com cuidado, assim como fizemos em sala de aula, vamos perceber que é um triângulo retângulo e que, sendo feito de corda, pode ser comodamente guardado no bolso após o uso.

Os egípcios sabiam, portanto, que 3, 4 e 5 eram *números especiais*, capazes de formar um triângulo retângulo extremamente conveniente para medir a terra. Visto que *geo* quer dizer terra, e *metria*, medida, eis que, para resolver o problema prático de redesenhar os limites dos terrenos após a passagem da água, os egípcios foram, provavelmente, os primeiros a inventar a *geometria*.

O que Pitágoras descobriu é que esses números têm uma relação particular entre si. Vamos acompanhar seu raciocínio: se 3 e 4 mensuram os catetos, 5 medirá a hipotenusa de nosso triângulo retângulo. Vamos começar, agora, a brincar com esses números, e descobriremos que o quadrado de 3 (ou seja, 3 x 3) é igual a 9, o quadrado de 4 (ou seja, 4 x 4) é igual a 16 e o quadrado de 5 (ou seja, 5 x 5) é igual a 25. Vou brincando, ainda, de pôr em relação esses *números quadrados* e descubro que 9 + 16 = 25, ou seja, o quadrado de um cateto mais o quadrado de outro cateto dá o quadrado da hipotenusa. Isso, no caso do triângulo 3-4-5. E nos outros triângulos retângulos?

Utilizando os pequenos triângulos de madeira dos *blocos lógicos* que temos na escola, construímos em sala de aula uma outra demonstração evidente da descoberta de Pitágoras.

Tomemos o triângulo formado por metade de um quadrado, cortado em diagonal. Teremos um triângulo que tem dois catetos iguais, que medem 1. Se Pitágoras estiver certo, os quadrados construídos sobre os dois catetos medirão 1 (porque 1 x 1 = 1), enquanto o quadrado construído sobre a hipotenusa medirá 2 (Porque 1 + 1 = 2). Colocando nossos pequenos triângulos (todos iguais entre si) dessa forma, torna-se evidente que o quadrado da hipotenusa é igual à soma dos quadrados dos dois catetos, porque cada quadrado dos catetos é formado por 2 pequenos triângulos, enquanto o quadrado construído sobre a hipotenusa é formado por 4 pequenos triângulos.

As crianças se empolgam em compor e desfazer triângulos e quadrados e passam, assim, muitos dias encontrando as medidas de diferentes triângulos retângulos e fazendo cálculos, para ver se

Pitágoras realmente tinha razão. Enquanto isso, me ponho a estudar, e levo para a escola algumas fichas que falam sobre a escola pitagórica, que logo nos parece cheia de extravagâncias e particularidades.

As meninas estão entusiasmadas em descobrir que foi a primeira escola em que as mulheres foram aceitas, e isso vai nos levar, nos meses seguintes, a um monte de considerações, reavivadas com força no dia em que, lendo o jornal que tinha trazido para a aula, encontramos a história de Malala Yousafzai, a garota paquistanesa que foi baleada na rua aos 15 anos porque havia defendido em voz alta a sua escolha de querer ir para a escola.

A PRIMEIRA ESCOLA ABERTA ÀS MULHERES

Parece que, antes de chegar à Itália, em Crotona, Pitágoras havia viajado muito. Tinha participado dos Jogos Olímpicos como boxeador; em seguida, morou entre os Fenícios, inventores do alfabeto; tinha viajado e estudado no Egito. Mais tarde, foi feito prisioneiro na Mesopotâmia, onde continuou seus estudos. Talvez tenha até conhecido Tales, o mestre do nosso Anaximandro, com quem nos encontramos em setembro. De volta a Samos, a ilha onde nasceu, foi embora de novo por ser governada por um tirano. Em suma, um tipo inquieto e rebelde, esse Pitágoras, que decidiu fundar uma comunidade e uma escola onde todas as propriedades eram em comum. O que intriga todos, e fascina especialmente as meninas, é que, naquela escola, ao mesmo tempo, se aprendiam dança, música e astronomia. O que pode deixar um pouco incomodado, especialmente quem tem alguma dificuldade em matemática, é o culto desenfreado pelos números, que, de acordo com Pitágoras, seriam a base de tudo.

Por outro lado, parece que foi ele quem doou aos números a palavra *matematiké*, que, em grego, quer dizer a arte de aprender, chamando *matematikós* — matemáticos — aqueles que têm desejo de aprender...

Enfim, entramos completamente no mundo pitagórico e, durante três semanas, não falamos de outra coisa. Mas a história que nos faz mergulhar de vez naquele mundo, a gente encontra no dia em que eu conto uma descoberta e um segredo guardado pelos membros dessa antiga comunidade.

No começo de nossa exploração pitagórica, construímos os quadrados de um triângulo retângulo com base 1 e altura 1, descobrindo que a hipotenusa era o lado de um quadrado com área 2. Nesse caso, a hipotenusa corresponde à diagonal de um quadrado com lado 1. Portanto, com o teorema de Pitágoras, estamos buscando a relação entre o lado e a diagonal de um quadrado com lado 1. Obviamente, as crianças não têm a menor ideia do que é uma raiz quadrada, mas, passo a passo, tentamos aproximar-nos a esse conceito fazendo o caminho inverso. Já que sabemos como chegar de um lado do triângulo ao seu quadrado, multiplicando o número da medida do lado por si mesmo, após raciocinarmos um pouco juntos, faço a pergunta: "Como podemos chegar da área do quadrado ao seu lado?". "*Por tentativas*", sugerem logo Simone e Lorenzo.

Peço-lhes, então, para fazer algumas tentativas e achar aquele número que, multiplicado por si mesmo, daria como resultado 2.

Não conseguimos achar a solução na escola, e sugiro às crianças que continuem as tentativas em casa, pedindo para não usar a calculadora. Seguem-se três dias de cálculos febris, em que, de vez em quando, alguém diz ter conseguido, sendo logo desmentido pelas verificações dos outros.

TRÊS DIAS DE CÁLCULOS FEBRIS

O pequeno Lorenzo, que, quando se depara com um problema grande, obstina-se a procurar uma solução, na terceira manhã chega à aula e diz que tem tentado muito, em casa, achar esse número, e que finalmente achou um, mas que, multiplicado por si mesmo, dá como resultado 2,00001: passou da conta!

Francesco também tentou com 1,4141, mas dava pouco demais, depois tentou com 1,4142, mas ainda dava pouco: 1,9999614... Irene, que não gosta muito de escrever, mas é um raio nos cálculos, continuou por horas em suas tentativas e enfim chegou a 1,414214, que, multiplicado por si mesmo, dá 2.00000124... Um pouco melhor, se comparado com o número de Francesco, mas ainda demais.

Pergunto se pensam que é impossível obter um resultado preciso, e Matteo exclama: "É impossível de se fazer, porque eu tentei um pouco mais para cá, e deu 1,99999982. Então, pensei que o 2 é um número que não tem uma raiz quadrada exata, exata mesmo!". "Pra mim, existe" — retruca Greta — "mas é muito difícil de encontrar. Não consigo entender como que o Pitágoras a encontrou, e nós, que temos calculadora, não conseguimos encontrá-la".

Matteo afirma que, para ele, "a raiz quadrada de 2 existe pela metade, e pela metade não existe. Irene chegou perto, mas o número exato, aquele que dá 2 redondo, não existe; ou, pelo menos, nós não o encontramos". "Talvez pudesse existir, mas nós não conseguimos encontrá-lo" — reflete Francesco — "porque são necessários muitos cálculos...". "E também muita paciência", acrescenta Francesca, enquanto Valeria se pergunta como é possível que não tenha jeito de "encontrar um número que põe em relação o lado de um quadrado com a diagonal".

Marianna especula que, "pra alguns números, a raiz quadrada existe; pra outros, não", e acrescenta que, em sua opinião, o 2 é o único que não a tem. Mas Irene, que já passou a levar o assunto como uma questão pessoal, diz: "Eu acho que a raiz quadrada de 2 existe, só que não é exata". Nesse momento, intervém Mattia, que faz todo mundo rir ao dizer: "Agora entendi por que aquele pitagórico lá morreu... porque a cuca dele estourou!".

"Pra mim, existe, mas é difícil encontrá-la", diz Ylenia, que parece aceitar com mais serenidade os limites de nossos cálculos. A essa altura, Lorenzo — que, junto de Irene, quer a todo custo chegar a uma solução — também concorda, afirmando: "É realmente difícil. Nós chegamos a calcular até um bilionésimo, mas não a encontramos".

Valeria, que aproveita todas as oportunidades para aguçar seus raciocínios, argumenta que "a raiz quadrada de 2 é especial, porque achá-la é possível e impossível ao mesmo tempo. É possível porque, senão, não teria como achar a diagonal do quadrado, mas também é impossível, porque não sai nunca um número exato." Continua seu raciocínio afirmando que, "em um certo ponto, na fileira, pula um número: tem 1,99998 e depois, logo em seguida, 2,000001... e é impossível!". E diante da descoberta de que algo está faltando, afirma decidida: "Tem um buraco aí!".

A maneira com que a língua pode se revigorar quando tentamos elaborar raciocínios matemáticos é um argumento que sempre me fascinou, desde quando Emma Castelnuovo me propôs refletir a respeito. "A aprendizagem da língua italiana" — argumentava — "poderia beneficiar-se muito em frequentar a matemática, especialmente para os estrangeiros que vêm parar aqui. Trata-se, de fato, de usar poucas palavras em maneira exata, pontual e eficaz. Um ótimo exercício para aprender a língua, e para a lógica também."

E, de fato, para sustentar nossa labuta matemática, eis que chega entre nós um rico desfile de metáforas. Valeria nomeia o buraco, e isso traz de volta à mente de Francesca que, no ano passado, tínhamos encontrado um número parecido: "A raiz de 2 é como o pi grego: aquele número também nunca terminava...". "Sim" — agora Marianna também se lembra — "era a relação entre o raio do círculo e a circunferência que Tales procurava, que dava 3,14 e alguma coisa".

"Sim, sempre faltava alguma coisa", acrescenta Matteo, que agora me pergunta, curioso: "Você disse pra gente que o Pitágoras ainda não tinha os números decimais. Então, como fazia pra calcular?". "Com as frações", respondo. E Valerio, que conhece bem as fadigas da matemática, fica assustado só de pensá-lo: "Então era ainda mais difícil!".

Francesca agora diz: “Pra Irene, faltava só um número, mas são tão distantes aqueles números...”.

“Distantes?” — eu pergunto — “Mas se é um buraco de apenas um bilionésimo de centímetro...”. “Sim, em matemática, são muito distantes. Se você pula de um número pra outro e tem um buraco, tem sempre uma grande distância”, confirma Valeria.

“Imagine um piso de ladrilhos que você nunca consegue terminar”, sugere Marianna, enquanto Matteo tenta se aproximar do nosso enigma matemático com outra metáfora: “Imagine um copo quase cheio, você quer completá-lo e o enche d’água, mas aí não consegue deixá-lo cheio, cheio, cheio, porque a água sempre vaza. É assim que passamos de 1,99998 pra 2,000001”.

“Você está afirmando que nunca vamos conseguir enchê-lo completamente?”, pergunto. “Sim, é tipo uma linha de números que tem buracos que não conseguimos preencher. Nós não sabemos como preenchê-los: são distantes”, acrescenta Valeria, que retoma com força a palavra, porque não quer largar a imagem que está perseguindo.

Matteo, que gosta de dramatizar as coisas para debochar delas, coloca o buraco de Valeria num barco, dizendo: “É como se estivéssemos em um barco e o barco furasse; você o conserta, mas depois se abre outro buraco do outro lado; conserta aquele também, mas se abre outro... e você nunca chega”.

“É como se a gente tomasse uma estrada pra ir ao monte Olimpo, mas essa estrada nunca termina”, acrescenta Mattia, que ama os mitos, dando a Valeria a oportunidade de voltar mais uma vez à sua imagem favorita: “Tem uns buracos, e você cai dentro deles”.

Estou feliz por como está indo a nossa conversa e aviso: “Vocês sabem que estão se aproximando de um problema matemático muito complexo?”. E Matteo prontamente retruca: “Então é melhor a gente não se aproximar!”.

O NÚMERO É INFINITO, MAS NÓS NÃO SOMOS INFINITOS...

A conversa já deslanchou, e é impossível voltar atrás.

VALERIA: Mesmo se a gente for além do bilionésimo, continuando a acrescentar números, nunca vamos chegar ao 2.
MARIANNA: Não existe a raiz quadrada de 2. Não existe no sentido dos números. Na geometria, existe, porque você pode desenhar a diagonal do quadrado, mas, na matemática dos números, não existe.
MATTIA: Acho que o Pitágoras não conseguiu chegar à raiz quadrada de 2 porque, que nem a Marianna falou, a raiz quadrada de 2 existe, mas não tem número. Teve que trabalhar duro com esse 2 pra que ele formasse esse quadrado.
VALERIA: Mas ele era muito gênio e não podia tomar decisões precipitadas, tipo é impossível ou não existe. Ele tinha que continuar tentando, tentando, tentando...
LARA: Pra mim, existe, mas é infinito, e não é possível encontrá-lo.
GRETA: Talvez seja um número escondido, que não quer ser achado.
MATTIA: É um número que foge, que não quer ser pego pela gente, nem por ninguém. Ainda tem que encontrar a pessoa certa, com um cérebro em que ele caiba.
LORENZO: Pra mim, se esconde em algum lugar.
FRANCESCA: Um número infinito... um número que tem uma quantidade tão grande de números que não acaba nunca.
MARIANNA: Se é um número infinito, desde o *big bang* até agora, ainda não chegou. Se é infinito, nunca vai chegar.
LARA: É um número que nunca termina depois da vírgula.
VALERIA: Se for infinito, então talvez não esteja nos números, e sim no tempo.
MATTEO: O espaço também é infinito...
FRANCO: *E então?*

MATTEO: Mas, se você pega uma régua e calcula a diagonal de um quadrado, a acha.
FRANCESCA: Mas não acha o número!
VALERIA: Para os pitagóricos, foi uma descoberta chocante, porque eles achavam que o número era tudo. Foi uma revolução.
MATTEO: Tipo quando o Anaximandro descobriu que o céu estava por todos os lados, acima e abaixo da terra, e ninguém acreditava.
MARIANNA: Mas essa dos números infinitos foi uma revolução que ninguém queria.
FRANCESCA: Todas as descobertas são chocantes, porque você descobre algo novo, e então...
VALERIA: Só que algumas são mais chocantes que outras.
MARIANNA: Uma escola inteira baseada nos números... e descobrem que tem um número que é doido.
FRANCO: *Esse número, os matemáticos chamam de irracional, que significa "sem razão". É realmente doido, como disse a Marianna.*
MATTIA: Se eu fosse um pitagórico naquele dia em que eles fizeram essa descoberta, era melhor que eu não estivesse lá. Imagina quantos cálculos fizeram para encontrar à força a raiz quadrada de 2!
MATTEO: Eu teria pirado. Todas essas contas pra ver qual era a raiz quadrada de 2, pra depois descobrir que não existe, que é um número infinito.
FRANCESCA: Eu não acreditaria.
GRETA: Francesca tem razão. Imagina todos aqueles anos gastos trabalhando nos números, acreditando que os números eram tudo, e depois...
IRENE: Sempre trabalhando nos números, e aí chega um número que atrapalha tudo.
VALERIA: Eu ficaria mais doida que o número.
FRANCESCA: Um número tão pequeno traz uma consequência enorme.
MATTEO: Mesmo que fosse infinito, poderíamos descobri-lo se, quando alguém morre, o deixa ao seu filho, e o filho continua; quando o filho morre, o deixa ao filho...

MATTIA: Sim, mas você por acaso acha que, na noite em que a pessoa morre, os outros sonham com os números?
MARIANNA: Ninguém é infinito, porque tudo termina, a Terra também termina.
GRETA: Nós não podemos descobri-lo porque o número é infinito, mas nós não somos infinitos.

Uma vez em casa, transcrevo e volto a ler essa discussão, e estou contente. Nesses dias, a matemática não tem sido um grande espaço vazio habitado por figuras e repleto de números, que divertem alguns e entediam outros. Encontrar Pitágoras e nos aproximarmos de uma descoberta que chocou uma comunidade inteira na Calábria de 2.500 anos atrás fez com que nos interrogássemos sobre algumas questões matemáticas importantes, causando inquietações e deixando perguntas em aberto.

Anos atrás, em uma conversa com Emma Castelnuovo, perguntei-lhe qual era o tema que ela mais gostava de ensinar aos alunos do ensino médio. *O infinito e o infinitesimal*, respondeu ela. Para uma judia radicalmente laica e não crente como ela, talvez aquele fosse o lugar de confronto com o mistério. Um lugar que nos convida a pensar profundamente e com amplo alento.

As meninas e os meninos de Giove, esforçando-se para apanhar o número impossível que chamamos de raiz de 2, descobriram "*um buraco que*" — como diz Valeria — "*não conseguimos preencher*". Talvez seja verdade que a matemática é a melhor linguagem para tentar ler e compreender a natureza do mundo, como Galileu sugeria e toda a física de seu método experimental demonstra, mas até naquela língua, que a escola apresenta como precisa e irrefutável, meninas e meninos descobriram hoje que há buracos, vazios, impossibilidades. Parece-me uma descoberta importante.

NOSSO PRIMEIRO ENCONTRO COM RAFAEL

Posso dizer que Pitágoras agora está entre nós, e o encontro com sua matemática apaixonou a todos nós. Mas não sei mais como dar continuidade. Estou em pleno marasmo. Estou tentando concentrar nossa atenção em torno de um nó cultural que me intriga há anos, mas não sei como fazê-lo.

Como europeu, entendo que foi às margens do Mediterrâneo oriental e ao longo dos maiores rios daquela área que surgiram muitos conhecimentos que, em poucos séculos, fizeram com que diferentes culturas construíssem a base de quase tudo o que sabemos. É impressionante, de fato, a quantidade de territórios explorados pela arte e a ciência que afloraram pela primeira vez nesse mar naquela época: o teatro, a matemática, a ciência, a filosofia, a democracia, a história, bem como a antropologia. Até o alfabeto fonético, a descoberta extraordinária de que, com apenas duas dúzias de signos, podemos registrar todas as palavras que nossas bocas pronunciam, foi inventado pelos fenícios nesse litoral e naquela época. E é a Cadmo, e ao mito que envolve aquela *revolução democrática* da comunicação que consiste em escrever de forma simples e legível, que dedicamos a peça teatral elaborada durante vários meses no quarto ano.

No entanto, mais uma vez, aproximando-me com as crianças daqueles lugares e daquelas épocas, estou tomado por uma espécie de vertigem e não sei como seguir em frente.

Ensinei três anos na educação infantil e há trinta e três anos ensino no ensino fundamental, e sempre tem me acompanhado uma pergunta relacionada a uma hipotética consonância: que relação existe entre a origem da matemática, que surge em cada um de nós quando crianças, e a origem da matemática que os primeiros seres humanos *inventaram* para dar uma resposta aos problemas que se apresentavam? E quanto à origem da linguagem e da necessidade de manter vivo o passado contando histórias, que relação existe entre nós, pequenos humanos, que balbuciamos os primeiros sons tão logo vimos ao mundo, e as tribos primitivas que se atreveram a dar o salto que as levou a inventar a *língua*, que ainda hoje nos dá a possibilidade de não estar só aqui e só agora, graças ao som de palavras que nos levam longe e que são capazes de nomear e fazer-nos imaginar o que não está presente?

Ao ensinar a meninas e meninos, queria sempre poder oferecer-lhes a oportunidade de se confrontar com a profundidade daquelas descobertas e revoluções, para apoiar e dar um sentido aos seus esforços. Não é fácil começar a contar e contar bem, não é fácil usar com destreza as palavras e começar a ler e escrever, aceitando e acolhendo regras estabelecidas por outros. Ou, pelo menos, não é fácil para alguns. E cada vez mais estou convencido de que, nesse grande esforço que pedimos aos menorezinhos, pode ser de ajuda raciocinar sobre o significado do escrever e do contar, voltando à origem dessas práticas humanas e tentando imaginar o dia em que um nosso remoto ancestral pensou que poderia nomear o um, o dois e o três.

As crianças no ensino fundamental encontram pela primeira vez a história, a ciência, a arte e o pensamento que pensa a si mesmo. Começam a explorar de maneira diferente e mais estruturada a matemática e a língua, que praticam desde que nasceram. Como fazer para que esses encontros se apresentem a eles conservando o sabor de descobertas que transformaram a percepção humana do mundo?

Refletindo sobre isso, no começo do ano, pensei que, no quinto ano, queria enfocar, no nosso percurso de história, o encontro com personagens e momentos que transformaram a cultura no âmbito da ciência, da arte e da política, deixando em segundo plano os nomes dos generais e o estudo de guerras e conquistas, que ainda prevalecem na forma como os textos escolares apresentam o desdobrar da história. Eu tinha tanta confiança na capacidade das crianças com quem tinha passado quatro anos, que queria tentar revirar todos os programas, imaginando poder fazer qualquer coisa com eles.

Mas agora me encontro num impasse, incapaz de tecer algo que una os fios espalhados e desatados com que nos deparamos, no que se refere à origem da matemática e da ciência. De fato, encontramos e começamos a conhecer Anaximandro em setembro e Pitágoras em dezembro, mas que forma dar a essa nossa jornada, quiçá demasiado ambiciosa?

Inesperadamente, um dia, Rafael veio em nossa ajuda. Nem me lembro como, mas a pintura da *Escola de Atenas*, que tantas vezes tinha olhado de maneira superficial, no final de janeiro começa a me prender. Quero saber mais sobre ela e começo a estudá-la. E já que, por natureza, tenho dificuldade em esperar, por enquanto imprimo uma grande reprodução, a colo numa madeira e a levo para a sala de aula, encaixando-a em cima do quadro-negro.

Nos últimos anos, dedicamos muito tempo à pintura e visitamos vários museus de arte clássica e contemporânea em Spoleto, Città di Castello, Roma, Perúgia e Florença. As crianças estão acostumadas a se debruçar demoradamente sobre obras de arte. No entanto, desta vez, as vejo particularmente atraídas e intrigadas pela grande reprodução do afresco de Rafael que trouxe para a sala de aula e as reproduções menores que vou distribuindo a elas. Meninas e meninos começam a observar em grupo, de perto, muitos detalhes do afresco, e iniciam a coletar conjecturas.

Os personagens estão na Terra ou no céu? Será que estão no Olimpo? Por que estão em uma casa tão esquisita, que mais se parece com uma igreja? Alguém arrisca a ideia de que seja uma escola, porque há uns que leem e outros que escrevem.

No dia seguinte, no escuro, projeto numa parede o afresco de Rafael em tamanho maior. Todo mundo observa as cores, as formas, e lentamente, silenciosamente, começa a entrar literalmente na imagem, imitando as posições dos diferentes personagens.

Depois de ter brincado bastante dessa *identificação corporal* com os personagens, fazendo um exercício que aprendi em uma oficina realizada por uma atriz do *Living Theatre*, peço a cada uma das crianças para escolher uma figura e redesenhá-la, porque, como disse Ylenia na primeira discussão do ano, "*se você a redesenha, é como se você estivesse lá*".

Mas, para chegarmos ao ponto de *mergulharmos para dentro dele*, como Francesco sugeriu naquele dia, vou seguir, de agora em diante, o caminho indicado por Valeria, que disse: "*Eu, pra entrar em uma pintura, preciso criar uma história que vem do quadro*".

Certo, mas aqui se trata de uma criação coletiva; portanto, temos que tomar todo o tempo que for necessário.

No dia seguinte, peço a cada um deles para escolher uma personagem do afresco e começar a desenhá-la com carvão vegetal em grandes folhas de papel áspero. Nos dias seguintes, enquanto completam seus esboços, cada um começa a escrever, com a indicação de que tem que dar voz ao personagem escolhido.

Seus textos, como sempre, despertam imenso interesse em mim.

Luca, que escolheu o pensativo Heráclito com o rosto de Michelangelo, escreve: "Eu sou um tipo um pouco despreocupado. Não penso, só imagino de olhos fechados. Dessa vez, estava imaginando alguma que agora não lembro: faz milhares de anos que estou no quadro!".

Erika, que no ano passado tinha feito o papel de Atena na peça dedicada ao mito de Cadmo, reencontra no quadro a *sua* deusa, a quem faz dizer, entre outras coisas: "Eu sou importante pra minha cidade, e é por isso que, se peço alguma coisa, eles obedecem, embora nunca exija coisas pesadas, apenas coisas simples, porque não quero estragar a minha amizade com eles". Depois acrescenta: "Eu sou importante, mas não me gabo, e é por isso que toda a cidade me ama".

"Eu sou Vênus e tenho esse olhar porque quero ser misteriosa com vocês" — escreve Valeria — "e espero que ninguém descubra o meu caráter, porque quero que, após essas reticências, não exista uma frase seguinte, que fale da descoberta do meu caráter...".

Greta também se imagina Vênus, e escreve: "Eu sou Vênus, e o pintor me pintou pra que eu olhe quem olha pra mim. Tenho um ar sisudo, pra deixar aquele que me observa cismado. Se quem me olha o faz com cuidado, pode reparar que tenho um leve sorriso no rosto. Estou aí há 1.000 anos e não canso de olhar para quem me observa".

De forma diametralmente oposta se apresenta Marianna, escrevendo: "Eu sou uma garota comum, um pouco tímida, que observa tudo e todos. Me escondo das pessoas, mas nunca fujo delas, porque gosto de imaginar seus pensamentos. [...] Talvez você me ache um pouco estranha, mas, quando começo a imaginar, não paro mais. [...] Olho para um ponto fixo, um ponto inexistente que corre e nunca fica parado. Às vezes, me considero 'invisível', porque a minha cabeça está em um lugar escondido, que só eu consegui encontrar".

Valerio também aproveita a oportunidade para falar a respeito do seu jeito reservado. Entregando o desenho, diz em voz baixa que escolheu uma personagem um pouco isolada, porque, muitas vezes, ele se sente isolado, mesmo quando está no meio dos outros, e escreve: "Eu sou um aluno de Pitágoras e estou esperando por uma pessoa importante como eu, porque também sou importante. Eu sou um homem de palavra, generoso e simpático, e também sou um pouco idoso. Mas a coisa mais importante é que sou um pensador".

Fabio, que este ano começa a escrever com maior segurança, conseguindo finalmente usar esse instrumento para falar de si, anota: "Eu sou Rômulo e sou estudioso. Um mensageiro me diz tudo, mas às vezes não me traz uma mensagem. Tinha uma coisa que ele escondia de mim, tinha uma namorada e não me disse".

Depois vem Francesca, que se apresenta como "um astrônomo muito apaixonado". Lorenzo, sem saber que se trata de Aristóteles, dá ao seu personagem com a barba o nome de Harmônio, e Ylenia, que escolheu Platão, o chama de Zeus, acrescentando: "Posso me transformar em tudo que eu quiser". E a todos nós, de forma imediata, vem à mente a cena de teatro do ano passado, em que Ylenia, que fazia o papel de Europa, era raptada por Zeus, que tinha se metamorfoseado em um enorme touro.

Francesco, que escolheu o personagem que segura um globo nas mãos, o faz dizer: “Fui o primeiro homem que mediu a circunferência da Terra”, enquanto Irene afirma ser “uma garota feliz de poder aprender matemática e ir à escola”. Matteo, que é um dos poucos que assistem regularmente ao jornal na tevê, volta à atualidade e faz a personagem feminina que escolheu dizer: “Eu sou Atena e quero salvar a Grécia da crise”.

Mattia, que, logo que viu a projeção, escolheu Diógenes por impulso, porque era o único que estava deitado no chão, assim como ele gosta de fazer, em seguida mudou de decisão várias vezes para, finalmente, voltar à personagem que Platão chamava *um Sócrates louco*.

É inevitável para mim, que os tenho acompanhado por mais de quatro anos, reconhecer traços de seus caráteres na descrição dos personagens que escolheram.

Talvez Fabio — que, com grande esforço e fadiga, chegou a escrever: “Um mensageiro me diz tudo” e acrescentou logo depois: “mas, às vezes, não me traz uma mensagem” — esteja repercorrendo as muitas ocasiões em que esperou sugestões e mensagens que nem sempre chegam. O problema, porém, não é arriscar banais interpretações psicológicas, que desde a educação infantil nos levam a pressupor alguma tenebrosidade de caráter no uso excessivo do hidrocor preto escolhido por algumas crianças, como nós, professores, demasiadas vezes somos induzidos a fazer por superficiais vulgatas psicanalíticas que há décadas empestam as escolas. O problema, para mim, se restringe a oferecer a todas as crianças o máximo de formas possíveis de se manifestar, para que se narrem com diferentes linguagens sem jamais serem julgadas.

No uso da linguagem e da cor, nós, adultos, temos a tarefa de enriquecer as possibilidades de expressão, proporcionando às crianças ferramentas e exemplos e também corrigindo, quando necessário. Mas há lugares e momentos de expressão que têm que ser acolhidos do jeito que são, no silêncio e na escuta, porque as crianças têm o direito sagrado de ser, antes de qualquer coisa, simplesmente elas mesmas.

Acho que até uma jovem árvore, diante de um jardineiro que quisesse guiar e dobrar à vontade a forma de seus ramos, fugiria correndo do viveiro, se pudesse. Por que, então, às vezes insistimos tanto em perseguir o todo-poderoso e vão desejo de dobrar ao nosso bel-prazer a orientação e o crescimento das crianças que temos diante de nós? O nosso papel nos dá um poder tão absoluto que acaba sendo fácil, demasiado fácil, abusarmos dele. E o digo a mim mesmo em primeiro lugar, porque frequentemente me pergunto sobre os limites de nosso direito a educar, que deveria ser sempre, como a etimologia da palavra indica[20], um *levar para fora*, e não um *levar para onde queremos*.

UMA ESCOLA COM MESTRES DESCALÇOS

Depois de compartilhar desenhos e escritas, na semana seguinte começamos a raciocinar juntos, perguntando-nos se temos elementos suficientes para reconhecer com certeza a identidade de algum dos personagens pintados por Rafael. A partir de uma quantidade de detalhes que não imaginava que pudessem impressioná-los tanto, começa uma emocionante caça ao tesouro. No final, os personagens de que estamos realmente certos são apenas dois. Pitágoras, que está sentado e escreve num grande livro, porque tem por perto uma lousa, segurada por um garoto, onde está desenhado o *tetractis*, símbolo formado por 10 pontos dispostos em um triângulo que representa o número sagrado dos pitagóricos, e que temos estudado. E, depois, Rafael, escondido entre um grupo de pessoas em pé à direita, porque é idêntico ao retrato que Simone tinha redesenhado no terceiro ano, antes que fôssemos para Florença em vi-

20 Do latim *educare*, composto por *ex* = fora e *ducere* = conduzir. (NdT)

sita ao museu dos Uffizi. Aquele autorretrato de Rafael, junto de outras 15 pinturas do museu florentino, mantemos pendurado na sala de aula há dois anos, ao lado das cópias desenhadas pelas crianças com carvão vegetal, e, portanto, todos o reconhecem. "E tem até a mesma boina", confirma definitivamente Lara.

Ainda que eu não ache necessário relembrar, mais uma vez percebo que olhamos, valorizamos e *reconhecemos* apenas o que já sabemos ou acreditamos saber. Nessa pintura, as crianças encontraram primeiro aquilo de que gostavam, ou seja, deuses e heróis que tínhamos frequentado e representado em cena no ano passado. E, em seguida, tendo que responder a um pedido de maior precisão, identificaram dois personagens que nos acompanharam por um bom tempo: Pitágoras, estudando suas descobertas e sua escola; e Rafael, olhando para ele, porque faz dois anos que está sempre conosco na sala de aula e cruza nossos olhos com seu olhar calmo e enigmático.

Eu não sei se Platão tem razão quando argumenta que aprendemos apenas o que lembramos, porque não sei se realmente existe um outro mundo do qual venhamos, de onde guardamos uma memória. Sei, porém, que, neste mundo em que nos cabe viver, é absolutamente necessário ter experiências, observar muito e frequentar o belo onde quer que esteja, para alimentar a imaginação nossa e das crianças. E que esse deveria ser o maior imperativo para uma instituição que tem a ambição de formar as novas gerações.

Tommaso Campanella, em *A cidade do sol*, dá uma sugestão didática que sempre me fascinou. Ele propõe que todo conhecimento seja pintado nas longas paredes circulares da sua cidade ideal, de modo que, brincando, as crianças se apropriem, dia após dia, de vários saberes sem que nem sequer o percebam, ajudadas por algum ancião ali sentado, que, quando lhe pedirem, explicará o mundo contando histórias a elas a partir dessas imagens. E para que tudo isso não tenha o sabor de um conhecimento recurvado em si mesmo, o filósofo calabrês imagina que regularmente sejam enviados embaixadores a todos os lugares do mundo, para que voltem à cidade trazendo novos conhecimentos, de modo que se amplie a sabedoria da cidade, e adultos e crianças gozem dela.

Voltando à questão da relação entre o que sabemos e o que *reconhecemos*, um dia Francesca e Marianna perguntam para todo mundo: "Mas como é que o Rafael fez pra imaginar todos esses personagens, se ele nunca esteve em Atenas naquela época?".

A questão provoca um debate acalorado, porque Simone, que escolheu o garoto com o cabelo ao vento que toma notas, tira uma boa desforra do Rafael, dizendo: "Imaginou errado, porque os livros não existiam na Grécia!". E Matteo replica: "O Rafael ambientou a Atenas antiga no seu próprio tempo".

Depois, respondendo à questão de Valeria, que se pergunta como Rafael poderia imaginar e pintar os rostos de antigos filósofos e cientistas, já que, na época, não existiam fotografias, e são poucas as pinturas que sobraram, narro que Rafael lhes deu o rosto de pessoas conhecidas e de amigos dele. Que Platão assumiu o semblante de Leonardo da Vinci, e Heráclito, o rosto pensativo e severo de Michelangelo, que naqueles anos estava pintando ali ao lado a abóbada da Capela Sistina.

Voltando para casa, reflito: e não é sempre assim que acontece? A gente não lê o antigo pelo presente e imagina o distante por meio do próximo? O assunto mereceria que a gente se detivesse nele durante um ano inteiro e poderia ser um tema sobre o qual promover uma boa pesquisa entre professores. O que, de fato, Rafael nos está dizendo? Que a arte é uma maneira de fazer filosofia? Que o belo não tolera limites arbitrários entre os saberes? Que o tempo não tem nenhuma relevância quando se imagina o panteão ideal dos próprios mestres?

Se for normal pintar Ptolomeu de Alexandria junto do antigo pensador persa Zoroastro, por que não convidar para aquele convívio também Michelangelo e Leonardo, que, para Rafael, certamente eram *mestres*? Mas o jogo de Rafael vai ainda mais longe, porque não se limita a dar o rosto de Michelangelo a Heráclito, mas pinta seu corpo imitando o jeito de Michelangelo de pintar os corpos. Há, portanto, um contínuo jogo de espelhos entre o antigo e o moderno e entre as formas e os pensamentos, que, entrelaçando-se, desafiam o tempo.

Uma ideia de cultura à qual eu gostaria que a escola fosse capaz de dar ouvidos.

O trabalho em torno da obra de Rafael já nos tem completamente arrebatados, e não pensamos em mais nada. É uma pesquisa da qual eles gostam, e estou totalmente mergulhado no afresco, como Francesco sugeria fazer no primeiro dia de escola. Por algumas semanas, de manhã, escuto os meninos, e de tarde estudo um ótimo livro de Giovanni Reale sobre a *Escola de Atenas* de Rafael[21].

Cada vez mais, percebo que a *turminha* que temos à frente é realmente fascinante. Junto de Pitágoras, estão o astrônomo Eratóstenes e o matemático Euclides, perto do mais antigo Tales, que se depara com Plotino. Tem Sócrates com seus alunos, que não vejo a hora de apresentar às crianças, e depois Diógenes, Heráclito e, finalmente, no meio da escadaria, ao lado de Aristóteles, Platão apontando com o dedo para o céu. Uma representação perfeita da imaginação renascentista do mundo antigo, da qual, dia após dia, a gente começa a se alimentar.

A ideia sobre como dar o próximo passo, devo a Roberta Passoni, minha companheira e mestra no fazer escola, que, em várias ocasiões, usou uma espécie de *correspondência secreta* com seus alunos, como instrumento indireto e pessoal de escuta, relacionamento e mútuo conhecimento.

Assim, um dia chego à classe com uma carta que Empédocles escreveu para Valeria, despertando a curiosidade de todos. No decorrer de uma semana, cada um deles recebe uma carta escrita pela personagem que escolheu e redesenhou, e no recreio observo que circulam pela sala de aula, especialmente as meni-

---

21 Giovanni Reale, *La Scuola di Atene di Raffaello*, Bompiani, Milano, 2005. (NdA)

nas, mostrando e comparando as cartas recebidas de Heráclito, Alcibíades, Teofrasto, Filolau...

Nas cartas, tento expor, numa linguagem o mais compreensível possível, pensamentos e raciocínios dos 16 filósofos e cientistas identificados por cada criança, que vão de Alcibíades a Hipátia, de Arquimedes a Diógenes, que, pelo fato de estar deitado no chão na escada, foi imediatamente escolhido pelo irrefreável Mattia, que explica: "*Eu também me jogo muito ao chão desse jeito*".

A correspondência tem um sucesso tão grande que as cartas se multiplicam e chegamos, no final do ano, a trocar 98 delas. Coleciono, também, uma boa porção de horas de insônia, porque Roberta não tinha me avisado que a história das cartas seria tão laboriosa e onerosa. Mas agora já entrei no jogo e não posso esquivar-me das demandas das crianças. Devo dizer, no entanto, que a responsabilidade de ter que pensar de que maneira um filósofo poderia dirigir a palavra a um menino e, ao mesmo tempo, no que faria sentido que escrevesse especificamente para Francesca ou Valerio é algo me ajuda no que a ríspida linguagem acadêmica chama de PEI, Plano Educativo Individualizado.

Enfim, imaginar e escrever uma carta de Filolau me ajuda a pensar mais e melhor em Fabio, e a tentativa paradoxal de fazer escrever uma carta ao desvairado Diógenes, que escolheu abandonar tudo e viver em um desconfortável barril, me ajuda a aproximar-me um pouco do implacável Mattia, para o qual tenho sentimentos alternos, que provocam tropeços contínuos no meu comportamento.

Assim, se Rafael nos oferece um espelho extraordinário no qual refletirmos, ser obrigado a escrever cartas pessoais para cada um dos *meus* 16 alunos me envolve profundamente. Ao considerar os meninos de uma classe, nós, professores, deslizamos inexoravelmente em classificações absurdas que congregam destinos ímpares em grupos de alunos com habilidades ou dificuldades de aprendizagem similares. Tudo isso se dissolve completamente quando estou sozinho em casa cedo de manhã, antes de o sol nascer e os outros familiares se levantarem, tendo que escrever para Marianna, que, sabendo que seu correspondente Pitágoras esteve preso durante anos na Babilônia, lhe pergunta: “Você acha possível aprender em qualquer lugar?”, ou para Luca, que, voltando à imagem, pergunta a Heráclito: “No quadro, você estava dormindo, pensando ou escutando? Porque você parecia interessado... Outro dia, eu estava olhando o fogo dançar sobre os tocos de lenha e fiquei me perguntando se você teria algo a dizer sobre isso”.

4

EXISTE UM OUTRO MUNDO?

Uma tarde de fevereiro, enquanto estamos imersos no mundo da filosofia antiga, acontece uma tragédia em Giove. Luca, uma criança do segundo ano, morre sufocado aos sete anos enquanto brinca com o balanço de corda que havia construído e pendurado na escada do lado de fora da casa de sua avó. Todas as crianças, nós, professores, e a vila inteira ficamos chocados com o acontecido.

A gente o chamava de *Michael Jackson*, porque dançava o tempo todo imitando o grande dançarino pop, e era exuberante, o Luca. Ele vinha frequentemente à nossa classe porque ficava sempre dando voltas pela escola inteira, rindo e brincando.

Nos dias após a sua morte, entre as crianças, há uma atmosfera difícil de descrever. Nenhum de nós consegue realmente se dar conta do que aconteceu. Na classe de Luca, os colegas pintam com as professoras a sua carteira, que fica cheia de cartinhas e flores, transformando-se em uma espécie de pequeno altar. Depois do funeral, que tem a participação da vila inteira, decidimos plantar com as crianças da escola uma mimosa no jardinzinho em frente à igreja, inventando algo como uma cerimônia leiga. Debaixo da árvore, é colocada uma pedra, na qual seus colegas propuseram escrever: *Luca, dançarás para sempre conosco.*

Não sei como acolher a enorme dor que leio nos olhos de meninas e meninos da classe. Nos dias seguintes, há momentos em que as crianças correm, brincam, e a vida parece voltar ao normal, mas basta um olhar, e a gente se encontra de repente perplexo e petrificado, porque o que aconteceu é grande demais para nós.

Aos poucos, ao longo dos dias, começamos a falar sobre isso.

MARIANNA: É a primeira vez que algo assim acontece. Luca era uma criança, e já que a gente também é criança, me deu medo de que nós, que somos crianças, também possamos morrer.
FRANCO: *Marianna falou do seu medo. O que vocês acham?*
LUCA: Uma vez, morreram dois amigos da mamãe. Aí, dois dias depois, duas crianças pequenas nasceram de outros amigos da mamãe. Para mim, depois da morte, a gente renasce.
FRANCESCA: Quando alguém morre, a memória permanece no coração das pessoas mais queridas, que sofreram, que estavam mais perto.
FRANCO: *Em sua opinião, sobra apenas isso?*
FRANCESCA: Sim, fica a lembrança.
FRANCESCO: Para mim, quando alguém morre, os ossos da pessoa ficam no caixão, mas a alma reencarna em outra pessoa.
FRANCO: *Então, não há outro lugar para onde as pessoas vão depois de morrer.*
FRANCESCO: Não, elas ficam aqui na Terra.

COMO FAZEM OS FILÓSOFOS PARA REFLETIR SOBRE A MORTE, SE NÃO SABEM O QUE É?

VALERIA: Professor, posso lhe fazer uma pergunta? Como os filósofos fazem para refletir sobre a morte, se não sabem o que é?
FRANCO: *Essa pergunta da Valeria é realmente muito importante.*
MARIANNA: Claro, porque, se eles raciocinam, devem estar vivos.
VALERIA: Estranho, não é?
FRANCO: *Você diz que é estranho que alguém raciocine sobre algo que não sabe o que é?*
VALERIA: Sim, é estranho...
FRANCESCA: Porque é algo que nunca experimentou.

VALERIA: Para aprender uma coisa, para aprendê-la bem, você tem que vivê-la; caso contrário, é um pouco estranho.

FRANCO: *Mas é um paradoxo dizer que, para falar a respeito, deveríamos viver a morte...*

MARIANNA: Até com toda a ciência, jamais vai conseguir entender.

FRANCESCA: Eu, se tivesse que viver a morte... deixaria pra lá.

FRANCO: *Valeria levanta o problema de como se pode conhecer uma coisa da qual não se tem experiência direta.*

IRENE: Igual a Valeria diz, você não pode saber, porque tem que estar vivo quando morrer; senão, não vai saber.

FRANCO: *Sobre a morte, toda religião tem respostas. Mas, inclusive no que diz respeito às crenças daqueles que têm fé em uma religião, é difícil ter certezas. Talvez uma parte de nós precise acreditar em coisas que, na realidade, não conhecemos.*

VALERIA: Acreditamos em quase todas as coisas que não conhecemos.

FRANCO: *Você está dizendo que conhecemos muito pouco?*

VALERIA: O conhecimento é muito demorado... e nós estamos apenas no começo.

FRANCO: *Você diz isso porque ainda é uma criança ou como gênero humano?*

VALERIA: Como gênero humano. À parte de nós, que somos pequenos, acredito que todos os homens têm pouco conhecimento.

MARIANNA: Em comparação com a gente, o conhecimento é muito, só que, se você for imaginar o mundo daqui a um montão de anos, é pouco.

FRANCO: *Você diz que os homens têm pouco conhecimento sobre as coisas mais importantes?*

VALERIO: Para mim, quando você morre, vive outra vida, não neste mundo, mas em outro lugar.

FRANCO: *Então existe um outro mundo. E como você o imagina?*

VALERIO: Não, não consigo imaginá-lo.

GRETA: Para mim, quando alguém morre, o corpo fica no caixão, mas a alma circula sempre na Terra com a gente, só que não a vemos.

FRANCO: *Um poeta escreveu justamente isso: "Aonde vai a alma? Não precisa ir a lugar nenhum".*

MARIANNA: Porque é como se quisesse seguir as pessoas que a amaram.

FRANCO: *Plotino, um dos filósofos gregos que estamos aprendendo a conhecer, dizia: "Não é a alma que está no corpo, mas o corpo que está na alma".*

FABIO: Agora o Luca, o corpo dele está dentro de um caixão, mas a alma está no céu.

IRENE: Eu acho que é como disse Valerio, que há um lugar. Eu o imagino com todas as pessoas que morreram em paz, dormindo.

FRANCO: *Elas dormem sempre?*

IRENE: Sim.

FRANCO: *Então a morte é como um longo sono. Sabiam que Dante, um grande poeta italiano, escreveu um poema em que imagina fazer uma viagem pelo mundo dos mortos e percorre, junto do poeta latino Virgílio, o inferno, o purgatório e o paraíso? Voltando daquela viagem, narra, em versos maravilhosos, como se encontram todos aqueles que estão lá.*

MARIANNA: Sim, a Divina Comédia.

VALERIA: Mas ele esteve lá de verdade?

FRANCO: *A arte e a poesia são uma das maneiras por que procuramos responder às perguntas que a gente se faz aqui.*

GRETA: Com relação ao que Irene disse, eu fico um pouco com medo em pensar que você dorme para sempre. Não sei, não me agrada...

IRENE: Eu quis dizer que você dorme para sempre, mas depois, em algum momento, passados alguns anos, desperta.

YLENIA: Pra mim, é do jeito que o Valerio disse. Eu imagino um campo verde e grande, com muitas flores coloridas.

FRANCO: *Então você o imagina como um lugar bonito.*

YLENIA: Sim, mas o que fazem lá, eu não sei.

FRANCO: *Sabiam que também os gregos e os romanos acreditavam que os mortos ficavam em planícies, que eles chamavam de Campos Elísios?*

MARIANNA: Para mim, existe tipo um outro mundo, mas que não está no sistema solar, é um mundo imaginário.
FRANCO: *Quando você diz imaginário, significa que não é de verdade?*
MARIANNA: Não, quero dizer que a gente não pode alcançá-lo.
FRANCESCA: Se estamos vivos, a gente chega lá só com a imaginação.
LARA: Para mim, as pessoas mortas vão para um mundo novo, onde quem se machuca não pode morrer.
GRETA: Ou seja, não sente nada.
FRANCO: *Se ninguém morre, então é um mundo sem fim.*
LARA: Sim, sem fim.
FRANCO: *Tem quem pense em um longo sono, aqueles que imaginam campos cheios de flores, aqueles que acreditam que as pessoas reencarnam, como especulava Pitágoras.*
LUCA: Os indianos também acreditam na reencarnação.
FRANCO: *Sabiam que os antigos romanos tinham, em suas casas, um canto com um pequeno altar, onde colocavam flores ou comida para seus antepassados? Para eles, a casa não era um lar se não houvesse esse lugar sagrado onde pudessem relembrar seus ancestrais, que chamavam de Lares. Eu já tinha lido algo nos livros, mas nunca tinha entendido de verdade. Aí um dia conheci um ator que vinha de Bali, uma ilha da Indonésia onde praticam a religião hindu, e ele me contou que, na primeira vez que chegou à Europa, na casa onde estava hospedado, foi logo procurar onde ficava o canto dos antepassados. Quando não o encontrou, ficou muito surpreso e decepcionado. E, narrando esse episódio, perguntava-nos: como podem viver em casas onde não há um lugar para lembrar seus antepassados?*
VALERIA: Se fosse da maneira que o Fabio diz, que todos vão pro céu, aí entendi por que o céu é infinito...
FABIO: Agora todas as crianças que morreram estão no jardim de infância, na escola. A gente vê o céu todo azul, mas lá no céu tem campos, casas, escolas...
FRANCO: *Ontem, as crianças do segundo ano se perguntavam se agora Luca vai continuar crescendo, se vai continuar comemorando*

seus aniversários. De acordo com a ideia de Fabio, ele segue crescendo, porque vai para a escola, conhece novos colegas...

MARIANNA: Para mim, quando a pessoa morre, permanece como era.

LORENZO: Eu acho também.

VALERIA: Quando alguém morre, é como um enigma, e a alma da pessoa morta é como um detetive à procura do lugar onde vai se sentir melhor.

FRANCO: *Então a alma procura, continua procurando...*

GRETA: Eu acho que fica com a idade em que morreu. Se tinha 50 anos, continua tendo 50 anos.

LUCA: Eu acho que, com a reencarnação, a pessoa nasce de novo, recomeça do zero, e depois continua a crescer.

FRANCO: *Mas se lembra do seu passado?*

FRANCESCA: Não. Se houver reencarnação, nós também estamos reencarnados, e a gente não se lembra de nossas outras vidas anteriores, então...

MARIANNA: Mas podemos imaginá-las. A Lara, por exemplo, que canta tão bem, talvez antes tenha sido um rouxinol...

IRENE: Eu acho que a Marianna tem razão; quando você morre, fica do jeito que estava.

VALERIA: Mas a idade não conta. Seria inútil se você fosse a outro mundo para depois remorrer.

FRANCO: *Então o outro mundo é infinito, eterno.*

GRETA: Nos filmes, mostram sempre as pessoas que, quando ressurgem, são zumbis, estão todas detonadas. Mas, para mim, não, renascem ainda melhores do que eram antes, porque se encontram em um lugar melhor.

FRANCO: *Esse é o sonho de muitos, que o outro mundo seja melhor.*

GRETA: Mais que qualquer coisa, a gente espera que seja melhor.

LARA: Eu também acho, porque, se a pessoa vai para outro mundo, mesmo que seja velha, naquele outro mundo será jovem.

FRANCO: *Se continua jovem, então é um mundo sem tempo.*

MARIANNA: Talvez Luca possa, tipo, imaginar, naquele mundo, a sua vida.

VALERIA: Todas as coisas que não poderia ter feito no mundo normal, agora pode fazê-las.
GRETA: Então as coisas que não consegue fazer aqui, as coisas que perde neste mundo, você faz no outro.
FABIO: Agora Luca encontrou uma mãe, um pai, um tio: uma outra família...
LUCA: Eu também pensei outra coisa, além da reencarnação. Pensei que, quando alguém morre, é como se tivesse um sonho muito longo.
FRANCO: *Essa ideia da morte como um sonho muito longo, que Luca especula, a pensou também William Shakespeare, poeta e dramaturgo inglês de 1600. Em um drama chamado* A tempestade, *faz Prospero, seu personagem, dizer: "Somos feitos da mesma matéria de que são feitos os sonhos, e a nossa breve vida é cercada pelo sono".*
GRETA: Fabio diz que Luca agora encontrou outra família. Mas Luca, neste momento, estará ciente de que tinha outra família antes? De que tinha outra vida antes?
VALERIA: A memória fica? Greta pergunta se ele está ciente da família que tinha antes, mas aí a memória não fica. Pitágoras dizia que a memória reencarna em outros corpos, então, para mim, a memória fica.
VALERIO: Se a alma, depois de alguns dias, volta para dentro do corpo, depois o corpo revive.
FRANCESCO: Isso é impossível, porque, se volta depois de alguns dias, Luca já está dentro do caixão.
GRETA: Talvez não volte para sempre, porque o corpo é como uma casa que a alma tem — caso contrário, não haveria vida — e, de repente, às vezes volta pra lá por si só.
FABIO: Luca agora tem duas casas, uma no céu e uma pequena, onde o corpo está.
GRETA: Eu gosto muito da ideia do Fabio. No mundo que o Fabio diz, você nem sequer percebe que está morto, porque tudo é igual.
FRANCESCO: No outro mundo, como o Fabio falou, tem a cópia das pessoas que estão vivas aqui, como se fossem gêmeos.

ERIKA: Para mim, não, porque todos os amigos que ele tinha na classe ficaram aqui, e ele está lá em cima, está no céu. Não acho que os encontre, que estejam lá no céu.
FRANCO: *Então ele está só.*
ERIKA: Ele está vivendo uma vida totalmente diferente agora, com pessoas completamente diferentes. Eu acho que pode ser boa, não é como aqui, é mais tranquila.
LARA: Para mim, o que a Erika falou é verdade. Se você está em outro lugar, e a mamãe e o papai estão neste mundo, você não vai ter uma cópia, mas também não está sozinho, porque pode conhecer outras pessoas que o ajudam, que fazem o papel de mãe e pai.
FRANCESCO: Como se você fosse adotado.
FABIO: Agora o Luca, em poucos dias, vai se tornar amigo de um tanto de crianças, amigo de todo mundo, do jeito que vinha fazendo aqui.
FRANCESCO: Pode ser que quem morre não seja adotado, porque, se os pais morrerem antes dele, depois ele morre e pode até reencontrar os pais.
FRANCESCA: Para mim, quando alguém vai para outro mundo, todos são bons, todos se dão bem com todos, não tem guerras, tem só paz, tranquilidade.
FRANCO: *Então é um mundo melhor, na sua opinião.*
FRANCESCA: Para mim, também é silencioso, porque, já que existe um outro mundo, deveríamos ouvir o outro mundo, mas eu acho que é silencioso: lá ninguém fala, para não ser ouvido e reconhecido por nós.
FRANCO: *Assim, um outro mundo existe, mas nós não o percebemos. Você, então, o imagina próximo, esse outro mundo.*
FRANCESCA: Sim, está aqui perto da gente, mas é silencioso...

QUEM MORRE ESTÁ DENTRO DO CORAÇÃO DE ALGUÉM

Estou impressionado com as palavras delas e percebo que conversar, de alguma forma, nos faz bem. Assim, passados três dias, leio em classe as discussões que transcrevi e retomamos o diálogo, porque tenho a sensação de que precisamos continuar a falar — e porque Mattia, Simone e Matteo, que estavam ausentes no primeiro dia, agora estão de volta.

Lorenzo retoma a conversa contando que refletiu muito sobre aquilo e acha que "o problema da morte é insolúvel". Logo depois, Mattia toma a palavra, afirmando que "quando alguém morre, está dentro do coração de alguém. Em seguida, do círculo do coração de todas as pessoas que o amavam, sai alguma coisa, e o corpo de Luca começa a se reconstituir no outro mundo". Mattia intuitivamente combina dois temas que emergiram no nosso primeiro debate: a sobrevivência de Luca na memória daqueles que o amavam e o desejo de imaginar um outro mundo capaz de acolhê-lo. O que me impressiona, relendo agora suas palavras, é a ligação que ele estabelece entre os dois aspectos, quando imagina que a garantia de se recompor no outro mundo seja, de alguma forma, proporcionada pelo amor daqueles que o amavam, porque é a partir do *círculo do coração* que Luca *se regenera*.

Quem aceita imediatamente a hipótese de Mattia é Erika, fascinada pela ideia de que "os pedaços do amor que muitos tiveram pelo Luca se recompõem", enquanto Ylenia sente-se confortada em pensar que "agora o Luca está com todas as pessoas que morreram antes dele, até com seu avô". Francesco volta à ideia da reencarnação, que tanto peso teve em nosso primeiro diálogo, apoiando a hipótese, de certa forma perturbadora, de que Luca esteja reencarnado e "pode ser que esteja até dentro de um de nós, mas a gente não repara". Pergunto-lhe se acha que, dentro de nós, pode estar mais de uma pessoa, e logo Valeria responde convencida que sim, pode ter "muito mais que uma pessoa".

De acordo com Matteo, "quando alguém morre, fica com todas as pessoas que morreram, só que todas misturadas, e vai em busca de todas as pessoas que o amaram", e essa sua imagem provoca um intenso debate sobre que formas, movimentos e voz possa ter a alma. Simone, por exemplo, acha que "talvez a alma não tenha voz. Era o corpo que dava a voz pra ela". E que "talvez queira dizer alguma coisa pra gente, mas não dá nem pra ouvir". "Talvez ele esteja dançando no meio da gente" — ainda conjectura Mattia, que agora imagina Luca sentado conosco, embora sua voz "tenha sido sugada".

Marianna, muito impressionada com a ideia de que talvez Luca queira dizer-nos algo, inconscientemente retoma uma crença arcaica, ainda presente no que resta da cultura camponesa, argumentando que "poderíamos conversar com as almas nos sonhos". Erika, que almeja muito a possibilidade de não interromper os contatos, especula que "eles estão em outro mundo que a gente não vê, mas estão também aqui entre nós. Só que são invisíveis aos nossos olhos". Afinal, "a alma é transparente", acrescenta Lorenzo.

Luca, sempre muito sensível às necessidades dos outros, afirma, com voz quase quebrada pela emoção, que ele fica perturbado ao ouvir "a ideia de que uma pessoa morta queira dizer alguma coisa pra gente, mas não podemos ouvi-la". E, chegando a se identificar com os mortos, acrescenta: "Você quer dizer algo importante para uma pessoa viva... mas ela não ouve".

Francesca, que sempre tem uma forte necessidade de explicar as coisas, diz: "Pra mim, esse segredo importante é o segredo da morte. Eles querem revelá-lo, mas não podem, porque é importante demais. A gente não pode se comunicar com eles".

Valeria, diante de nossos grandes argumentos, não se contenta com as imagens a que todos estamos nos agarrando e diz com humildade: "Eu não sei se a alma existe ou não. Não sei se, quando você morre, resta algo de você ou não. Não tenho todas as informações a respeito da alma, não entendo onde ela está".

Tentando reagir à sinceridade com a qual Valeria nos revelou não saber nada, Simone afirma que "este é o nosso mundo, mas a alma é infinita. É apenas uma, e nós estamos todos dentro dela", logo acrescentando que, em sua opinião, "tem uma alma maior, que decide e dirige todas as almas".

"A alma é as memórias" — argumenta, ao contrário, Luca — "Quando você morre, as memórias se reencarnam em outras pessoas, mas são memórias escondidas".

A ALMA SÓ PODE SER DESENHADA DE OLHOS FECHADOS

Em certo momento, Irene se levanta do círculo no chão, onde todos estamos sentados, e pergunta: "Posso desenhar a alma na lousa?". Diante de nossos olhos um pouco espantados, começa a traçar com o giz um grande círculo que enche de círculos pequenos. "Esta é a Terra, e nós estamos dentro. Cada pessoa é uma alma, e todas as almas, quando a gente morre, estão no centro da Terra. Algumas vão pra baixo, outras vão pra cima".

Mattia não deixa que essa nova oportunidade oferecida por Irene passe batido. Vai ele também para o quadro-negro, fecha os olhos e começa a fazer um grande rabisco, comentando: "Eu agora vou tentar desenhar a alma, porque a alma só pode ser desenhada de olhos fechados...".

"É assim" — Greta responde — "pra mim também. A alma é retorcida, toda estranha. Não tem uma forma precisa, porque tem de se adaptar a corpos diferentes". "Pra mim, a alma é um sonho invisível. Um sonho porque você não vê, mas tem algo nela que te estimula a vê-la", replica Valeria.

"Eu acho que a alma é uma bolinha invisível e vaga por lugares no meio da gente. Quando uma pessoa morre, fica gravada em todas as pessoas e provoca um sentimento", afirma Matteo, enquanto Marianna nos sugere outra imagem: "Pra mim, a alma é tipo uma escada em caracol que sobe pra sempre. Tem um monte de escadas que saem da terra em direção ao céu".

A essa altura, nesse florescimento de figuras com as quais tentamos consolar-nos da evidente invisibilidade do que chamamos de alma, intervém de novo Irene, argumentando que, em sua opinião, "a alma tem a forma de um animal de que você gosta. Eu gosto do cavalo, igual ao Fabio, e a nossa alma tem forma de cavalo. Valerio gosta de desenhar, e a alma dele tem a forma de um desenho".

A afirmação de Irene me leva a narrar um traço cultural de certos povos indígenas que me impressionou muito quando, no âmbito de um intercâmbio educacional entre cidades-irmãs, passei alguns meses entre crianças e professores maia, nas montanhas da região Ixil na Guatemala. "*Entre os povos nativos americanos, muitos acreditam que há um animal que vive paralelamente a nós. Aquele animal nos acompanha e continua vivo enquanto estamos vivos, e quando ele morre, a gente também morre. Eles o chamam de animal totêmico e, na cultura maia, está associado aos dias de seu fascinante calendário*". Essa forte crença indígena na existência de um mundo paralelo tinha me impressionado muito, mas, contando-a, percebo que as crianças estão seguindo outras pistas. Nas hipóteses deles, a alma tem conotações concretas e se ancora fortemente aos sentimentos e às memórias, tanto que Francesca, por exemplo, chega a afirmar: "Eu acho que a alma é igual a você, mas, quando você morre, a sua cabeça inteira se esvazia e vai pra sua alma, já que você tem que começar de novo". Enquanto, para Valerio, "a alma é um círculo, e dentro tem um tanto de janelinhas onde ficam todos os pensamentos". "Essas janelinhas são como caixas que reúnem todos os nossos pensamentos", acrescenta Greta, e Francesco completa, concordando: "A alma é do jeito que o Valerio disse, com umas janelas e umas portas, e lá estão todas as memórias".

"Se você olhar para a foto de Luca" — acrescenta Matteo — "a alma é a imagem dele, porque, se você a observa, se lembra dele". Mas Mattia, com amarga lucidez, responde: "É verdade, pode ser que, em algum momento, você realmente veja a pessoa morta, mas aí de repente desaparece... e você não a vê mais".

"Se há outro mundo no céu, mais cedo ou mais tarde a gente resolve o problema", afirma, enfim, Francesco, e Simone conclui esse nosso segundo longo debate sobre o mistério da morte com uma declaração incontestável: "Para descobrir essa coisa, só tem um jeito: esperar a hora de morrer".

Nas semanas que se seguem à morte de Luca, acontece a todos nós de pensar coisas e fazer-nos perguntas que nunca tínhamos cogitado antes. Ou, pelo menos, que nunca consideramos com tamanha intensidade. Assim, nas palavras que trocamos, o sofrimento nos leva a uma abertura maior, dando a cada um a possibilidade de mostrar com mais confiança as suas vulnerabilidades.

O momento é muito delicado e requer o máximo de cuidado. Queria encontrar uma maneira de dar forma a tudo o que está emergindo, mas sem forçar nada. Então, me limito a colher e acolher o que vem deles.

De forma espontânea, algumas perguntas primárias sobre a vida confluem, para alguns, na correspondência filosófica que mal tínhamos começado. Assim, Lara, um dia, me traz uma carta em que pergunta a Eratóstenes: "Ouvi dizer que vocês, gregos, têm discutido sobre a morte, e eu tenho um grande problema. Uma criança de que eu gostava muito morreu. Você acha que é ruim não existir mais, ou pode ser bom? Me responda! Até breve, Lara". E Valerio, que é o mais introspectivo entre as crianças da classe, de forma indireta escreve: "Olá, Plotino, eu acho que, se você entrasse na minha alma, veria todos os pensamentos que não podem sair da minha alma. Para mim, a alma é uma arca secreta que mantém protegidos segredos e pensamentos".

Para ficar próximo de suas perguntas, penso que talvez pudesse ler-lhes um texto filosófico sobre a alma para depois o discutirmos juntos, e talvez fazer uma peça de teatro, que é o lugar onde eu sei que é mais proveitoso parar quando queremos nos aprofundar em alguma coisa.

Leio e releio, em casa, a *Apologia de Sócrates* e o *Fédon*[22], à procura de palavras que nos ajudem a pensar e que, de alguma maneira, nos confortem. Marco as páginas em que Sócrates narra sobre um outro mundo, que a gente não pode sequer imaginar, mas logo decido não fazer nada, porque tenho a sensação de que, lendo a passagem em que descreve seus pensamentos sobre o além, é como se eu mesmo estivesse propondo uma solução às perguntas sobre a alma, que eles estão se pondo com tanta profundidade. De qualquer maneira, me parece ainda não ter chegado a hora certa.

NA CAVERNA DE PLATÃO

Por fim, um dia, algumas semanas depois, enquanto estamos refletindo e discutindo sobre o nascimento da democracia em Atenas, conto a história do julgamento e da condenação à morte de Sócrates. As crianças ficam muito impressionadas, porque Sócrates tinha se tornado muito familiar para elas, à medida que nossa viagem pelas pinturas de Rafael prosseguia e continuava a correspondência com os filósofos. Em particular Matteo, que estava se correspondendo com Alcibíades, tinha lhe perguntado várias vezes "o que se sente estando diante de um filósofo tão importante". Um dia, depois de receber uma carta de Alcibíades, disse aos colegas que achava que Sócrates tinha a ver com os espelhos, por causa daquele seu *conhece a ti mesmo* que tínhamos escrito em letras grandes com giz colorido na porta da sala de aula. Uma frase à qual voltávamos constantemente, desde que descobrimos que, antes de ser o lema da escola socrática, era

22 Platone, *Apologia di Socrate* e *Fedone*, traduzione di Enrico Turolla, Biblioteca Universale Rizzoli, Roma, 1949. (NdA) — Platão, *Apologia de Sócrates*, L&PM Editores, Porto Alegre, 2008. Platão, *Fédon*, Edições Martin Claret, São Paulo, 2002. (NdT)

uma frase que Tales tinha pronunciado e que ficava esculpida na fachada do templo de Apolo.

Duas semanas após a revelação da condenação à morte do professor de Platão, Valeria escreve: "Querido Empédocles, posso te fazer uma pergunta? De onde você tirou a inspiração pra tentar responder à pergunta 'como nasce o pensamento'? Percebi que, nesta minha carta, só tem pontos de interrogação! Sabe, meu professor diz que, na base de tudo, mas especialmente na base da filosofia, tem a questão de você se fazer perguntas. E eu acho isso muito certo. Hoje, na escola, dedicamos três horas a vocês quando, a uma certa altura, o professor me disse que, de repente, alguns atenienses mandaram matar Sócrates! Mas ele, ao contrário de seus alunos, não tinha medo de morrer. Muito estranho... apesar do que, de um sábio como ele, eu poderia esperar qualquer coisa. Na sua opinião, o que é a morte?".

Em casa, mais uma vez encontro-me acordado antes do amanhecer e não sei como responder à carta de Valeria. Minha mesa está cheia de livros que fico folheando o tempo todo, para tentar me manter de alguma forma fiel aos antigos filósofos no meu jeito de escrever as cartas de resposta às crianças. Mas, desta vez, os trechos e frases retirados do *Fédon* não estão me parecendo adequados. Não quero dar-lhes de maneira alguma a sensação de que haja uma verdade que, de certa forma, poderia transmitir-lhes através de algumas palavras tiradas de textos de filósofos gregos. E, como frequentemente acontece quando fico em dúvida, volto para um terreno já explorado. Decido, assim, retornar ao mito, que tanto frequentamos no ano passado. O que escolho, no entanto, é um mito particular, porque *inventado* por Platão. Tento, então, transcrever em uma linguagem compreensível às crianças as célebres páginas sobre a caverna escritas em *A República*[23] e as entrego no dia seguin-

---

23 Platone, *La Repubblica*, traduzione di Enrico Turolla, Rizzoli, Milano, 1953. (NdA) — Platão, *República*, organização de J. Guinsburg, Editora Perspectiva, São Paulo, 2006. (NdT)

te para Ylenia, que está em correspondência com Platão. Logo após ter lido a carta, a timidíssima Ylenia, que é a mais ordenada e precisa entre as meninas, propõe aos colegas que se sentem em círculo e leiam o texto em voz alta três vezes, seguindo as indicações escritas. Desse jeito, eles primeiro, um de cada vez, e depois eu lemos as palavras de Platão que adaptei à carta, tentando manter quanto mais possível o significado do texto original:

SÓCRATES: *Tente imaginar a seguinte cena. Há homens que vivem, desde crianças, dentro de uma grande caverna, que tem apenas uma entrada. Eles têm grandes correntes que prendem suas pernas e suas cabeças, de modo que estão sempre sentados, parados, e só podem olhar para a parede oposta à entrada da caverna.*
GLAUCO: *E o que eles veem?*
SÓCRATES: *Atrás deles, há homens que eles não podem ver. Esses homens têm aceso um grande fogo e, diante do fogo, movem umas estátuas de madeira e uns fantoches, elevando-os acima de um pequeno muro, como se fossem marionetes. Os homens acorrentados veem na parede da caverna as sombras dos bonecos que se movem. Você acha que veem algo mais?*
GLAUCO: *E como poderiam, se estão acorrentados?*
SÓCRATES: *Dado que os homens que manobram os bonecos ficam falando e, na caverna, há eco, aos homens acorrentados parece que as sombras que veem projetadas na parede estão falando. O que você acha que esses homens acorrentados pensam do que veem?*
GLAUCO: *Eu acho, Sócrates, que eles pensam que o que veem é a realidade. Já que só veem sombras que falam, as sombras que falam são, para eles, a única realidade!*
SÓCRATES: *É assim mesmo. A eles, acontece o que acontece com a gente também: acreditamos que o que vemos é a única realidade. Imagine, agora, que um deles seja libertado das correntes e, virando-se, perceba que, atrás dele, há um fogo aceso. Seus olhos não estão acostumados a fitar a chama e, quando for olhá-la, vai parecer-lhe*

que está ficando cego. Se alguém lhe perguntasse se são mais reais as sombras que viu a vida inteira ou esse fogo e os homens que movem os fantoches, que está vendo agora, o que você acha que responderia?

GLAUCO: *Eu acho que ele ficaria confuso, porque não conseguiria olhar para a nova realidade. Gostaria de voltar a enxergar as sombras que estava acostumado a ver, até porque, assim, seus olhos, acostumados desde sempre à escuridão e às sombras, não doeriam.*

SÓCRATES: *Continue me acompanhando, Glauco. Se o homem fosse agora arrastado para fora da caverna e posto frente ao sol, o que veria?*

GLAUCO: *Nada, Sócrates. Não poderia ver nada, porque seus olhos seriam ofuscados pela luz do dia, que ele nunca tinha visto antes.*

SÓCRATES: *E quando poderia voltar a enxergar?*

GLAUCO: *Deveria se acostumar a ficar na luz para finalmente começar a ver o* mundo superior, *que está fora da caverna.*

SÓCRATES: *Com certeza, mas poderá fazê-lo só aos poucos. No começo, observará as imagens dos outros seres humanos e das coisas refletidas na água, depois começará a olhar diretamente a natureza. Ao anoitecer, vai virar seu olhar para o céu e contemplar todas as estrelas da noite e a luz cândida da lua. Na parte da manhã, por fim, quando o céu for se tingir das cores da alvorada, começará a distinguir bem os outros homens e as árvores e as colinas, começando a escutar o canto dos pássaros.*

GLAUCO: *E o que vai sentir?*

SÓCRATES: *Vai se sentir extremamente feliz de ter descoberto como realmente é o mundo e vai ter pena de seus companheiros que ainda estão acorrentados na caverna, como ele esteve por tantos anos. E em seguida, olhando para o sol, vai perceber que o seu calor está à base de toda a vida e do correr das estações.*

GLAUCO: *E o que vai pensar agora?*

SÓCRATES: *Que é melhor viver na pobreza, feito um camponês neste mundo, do que voltar para a caverna e talvez receber honras,* *vivendo confinado e no escuro, acreditando somente na verdade das sombras.*

GLAUCO: *Eu também acho isso: aceitaria qualquer coisa para não ter de voltar à ignorância em que se encontrava quando vivia na caverna escura e acreditava que o único mundo fosse o das sombras.*

SÓCRATES: *Reflita, agora, sobre este outro ponto. Na sua opinião, se nosso homem agora voltasse a se sentar no antigo lugar onde estava acorrentado, como teria os olhos?*

GLAUCO: *Os teria cheios de escuridão e trevas, porque já tinha se acostumado à luz do dia.*

SÓCRATES: *E como o julgariam seus antigos companheiros, vendo-o sentado lá novamente, mas com a visão ofuscada por tanto tempo, sem ser capaz de distinguir e ver nada das sombras que constituem o mundo deles?*

GLAUCO: *Certamente zombariam dele.*

SÓCRATES: *Sim, e diriam uns aos outros: "Se for para voltar da viagem que ele fez com os olhos tão arruinados, realmente não vale a pena ir lá para cima".*

GLAUCO: *E então?*

SÓCRATES: *Eu acredito que, se alguém os instigasse a tirar suas correntes, lhe diriam que é um louco e talvez chegassem até mesmo a matá-lo para impedi-lo de propor coisas impossíveis.*

Após a leitura, sem eu precisar dizer nada, nasce imediatamente uma discussão acalorada.

A NOSSA IMAGINAÇÃO NÃO DEVERIA TER CONFINS

IRENE: Para mim, Platão escreveu esse mito para fazer entender que quando alguém está sempre no escuro e só vê certas coisas, pensa que o mundo é aquilo, e não todas as outras coisas da natureza. Pelo contrário, se sai e olha ao redor, entende...

GRETA: Eu não entendi uma frase que Sócrates diz. "Eles diriam entre si: se alguém volta da viagem com os olhos todos arruinados, não vale a pena ir lá pra cima": o que significa ir lá pra cima?

MARIANNA: Significa ir para fora da caverna.

YLENIA: Pra mim, ele escreveu esse mito pra mostrar que a gente sempre tem que aprender coisas novas.

MATTEO: Que nem a Ylenia disse, se alguém está preso em uma caverna e vê apenas sombras se mexendo como marionetes, pensa que o mundo é só aquilo, porque, se você não vê a realidade verdadeira, não sabe o que tem lá, porque aquilo é tipo um filme. Se você está trancado em um quarto e só vê filmes, conhece apenas aquele filme, não sabe o que tem fora daquele filme.

FRANCO: *E na sua opinião, o que é que Platão quer nos dizer?*

MATTEO: Que a gente, para aprender coisas novas, tem que viajar.

GRETA: Você não tem que imaginar e olhar somente o que tem dentro do lugar onde está, mas tentar entender também o que está do lado de fora.

MATTEO: Eles, estando simplesmente numa caverna, não devem se contentar com isso, devem continuar tentando descobrir coisas novas. Porque eles, enquanto estavam acorrentados às paredes da caverna, não sabiam que tinha um fogo que fazia todas aquelas sombras. Depois, quando tiraram as correntes daquele homem, ele percebeu que aquela não era a realidade, era uma coisa falsa.

LUCA: Eu acho que talvez Platão quisesse dizer que as pessoas que projetavam as sombras e as pessoas que levaram para fora o cara que estava acorrentado são a filosofia. Depois ele diz: "Se alguém os instigasse a tirar suas correntes, iam chamá-lo de louco e talvez chegassem até mesmo a matá-lo." Essa frase me fez pensar em quando mataram o Sócrates porque não concordavam com o que ele dizia. Os homens acorrentados ficavam vidrados em seu mundo. Os outros eram a filosofia.

MARIANNA: Eu acho que esse mito quer dizer uma coisa pra gente: a realidade que a gente vê não é a mesma pra outras pessoas. Não existe apenas esta realidade, existem outras.

VALERIA: Pra mim, esse diálogo é uma metáfora pra mostrar que os homens que estavam acorrentados tinham a mente ofuscada, como diz o Platão, porque estavam acostumados a ver apenas as coisas que veem com frequência, enquanto o homem que foi libertado começou a ver a nova realidade. Pra mim, isso significa que nós temos de aprender, aos poucos, novas realidades, porque não existe só uma.

SIMONE: Pra mim, esse mito significa que, se alguns homens ficam em um quarto vendo só as sombras, eles nunca vão ter visto a realidade, nunca vão ter enxergado. Eles estão vivendo em outro mundo, em um segundo mundo, mas que não é de verdade.

FRANCO: *Mas talvez não fosse irreal, mas apenas uma parte da realidade.*

GRETA: Mas, no final, tudo é de verdade. Há pessoas na caverna que só viram a tal coisa, e pra eles é real. Mas talvez existam outras pessoas que não estão na caverna e estão acostumadas a ver as coisas maiores, não apenas o pequeno. Pra elas, outras coisas são verdadeiras, mas, no final, tudo é verdadeiro, tudo é a realidade. Nada é falso.

IRENE: As sombras não são formadas apenas pelos fantoches e o fogo, mas por nós, pessoas, também; portanto, são uma realidade.

FRANCESCO: Para mim, esse mito significa que, se você passa muito tempo em um quarto, depois o mundo real te parece uma coisa falsa.

VALERIO: Pra eles, o que era falso parecia verdadeiro, e o que era verdade parecia falso.

LARA: Pra mim, esse mito que Platão conta quer mostrar que, se você fica por um longo tempo em uma coisa, você fica obcecado e quer ficar só nela. Mas assim nunca vai conhecer algo diferente.

MARIANNA: A caverna é o mundo, e nós somos as pessoas acorrentadas. Fora do mundo, fora de nós, tem uma realidade maior que abrange também o mundo.

VALERIA: Só que nós mesmos não queremos ser libertados, embora devêssemos...

MARIANNA: A gente não dá conta de se libertar mesmo, porque todas as pessoas estão dentro. Ninguém pode te libertar.

FRANCO: *Marianna disse que todos nós estamos dentro da caverna de Platão.*
GRETA: Ela disse que os homens não querem se libertar das correntes. Pra mim, eles não querem se libertar porque têm medo de viver em outro mundo, porque estão acostumados o tempo todo à mesma coisa, e outra coisa poderia assustá-los.
MATTEO: O que foi libertado das correntes tinha visto apenas sombras o tempo todo e pensava que aquela era a verdadeira realidade, mas as sombras, pelo contrário, eram tipo um mundo imaginário. Depois, quando ele foi solto e viu o fogo, estava a ponto de passar pra outro mundo. E quando viu o sol e não conseguia enxergar, porque já tinha se acostumado a um mundo falso, passou por uma espécie de portal que o levou a um mundo verdadeiro, aí se acostumou à realidade. Depois, quando viu seus companheiros que ainda estavam acorrentados, ficou triste por eles, porque tinham ficado esse tempo todo em um mundo falso.
FRANCO: *Mas eles reagiram como?*
ERIKA: Já que estiveram sempre dentro da caverna, não acreditaram que, do lado de fora, teria todo um outro mundo.
FRANCO: *Não só não acreditaram nele...*
MARIANNA: Mas o ameaçaram também.
VALERIA: Eles, pra mim, queriam matá-lo, porque sabiam que era verdadeiro demais o que ele estava dizendo, por isso tinha que ser necessariamente falso.
MATTEO: Como Galileu, que dizia que havia luas em volta de Júpiter, e eles o prenderam, porque diziam: "Você contrariou nossa religião". Talvez Sócrates também dissesse algo que era contra a religião.
YLENIA: Talvez, pra eles, o mundo das sombras fosse sua religião.
MATTEO: É claro, porque só tinham visto aquilo.
SIMONE: Os homens acorrentados enxergavam apenas sombras e rochas e tinham certeza de que havia só esse mundo. Talvez pudesse haver até algo mais, mas não podiam ter certeza absoluta.
MARIANNA: Se alguém nos dissesse: "Olhe que, para além deste

mundo, há outro maior", a gente não iria acreditar, porque estamos acostumados demais, por gerações, a viver sempre neste mundo, que muda, sim, mas é sempre o mesmo...

VALERIA: Porque a nossa imaginação tem confins, mas não deveria ter. Se nos dissessem, do jeito que a Marianna falou, que fora deste mundo tem outro mais bonito, onde você descobre coisas fantásticas, nossa imaginação tem confins tão limitados que não é capaz de conceber esse outro mundo, não o entende.

A FILOSOFIA TE LEVA PARA O MEIO DAS COISAS QUE VOCÊ PENSA

MATTEO: Talvez o cara que libertaram da caverna fosse aquele que tinha a mente infinita e podia saber muitas coisas, enquanto que aqueles que permaneceram trancados eram aqueles que podiam guardar poucas coisas na mente. Pensavam que as sombras que permitiam que vissem eram tudo o que existia.

GRETA: O homem que foi libertado, quando foi dizer essas coisas para aqueles que não tinham sido libertados, talvez eles acreditassem naquilo que ele disse, mas não queriam acreditar, porque estavam convencidos de que aquela era a realidade deles. Não queriam acreditar naquilo e se convenciam disso.

MATTEO: Talvez não acreditassem nele por causa dos bonecos e das sombras. De tanto fazê-los ver os bonecos, os forçavam a acreditar naquela realidade, que não era a verdadeira realidade.

SIMONE: Marianna tinha falado uma coisa antes: tem um mundo dentro de um mundo dentro de outro mundo. Muitos mundos. Pode ser que sejam verdadeiros, mas...

GRETA: Nenhum de nós conhece a realidade, porque, se há um mundo dentro de outro mundo dentro de outro mundo... se são infinitos, ninguém nunca poderá chegar ao último mundo.

MATTEO: Nós não temos tempo suficiente para descobrir tudo, porque morremos.
MARIANNA: Porque as sombras estão também dentro deste mundo. Talvez tenha outro mundo maior, que contém as sombras, este mundo e outras coisas...
FRANCO: *Talvez seja como se este nosso mundo fosse parte de um mundo maior.*
VALERIA: Se as sombras são falsas e são feitas por uma coisa real, como o fogo, tudo é falso.
MATTEO: As sombras são feitas pelo sol. Talvez, o nosso fogo seja o sol.
GRETA: Talvez o lugar para onde foi Luca, o nosso colega que morreu, seja um mundo superior a este.
MATTEO: Onde você pode saber tudo, porque vive infinitamente.
LUCA: Aqui tem o fogo que seria o sol, como o Matteo disse, e a gente talvez seja os bonecos que alguém movimenta perto do fogo.
FRANCO: *E a filosofia, de que Luca estava falando antes, o que é?*
MARIANNA: A filosofia é um mundo maior que a realidade.
FRANCO: *Vocês sabem que a filosofia também é chamada de metafísica, que significa "além da física", porque se refere a raciocínios que vão além do estudo do mundo físico ao nosso redor.*
SIMONE: Talvez haja um mundo que é infinito, que envolve todas as imaginações, todas as coisas que a gente pensa.
MARIANNA: Quando os homens estavam acorrentados, eram todos um pouco bravos, até o homem que foi embora era assim. Depois, quando foi pra fora da caverna, voltou mais consciente das coisas.
MATTEO: Mas Sócrates não poderia ter deixado um livro com todas as soluções para esses problemas?
FRANCO: *Sócrates não escreveu nada.*
IRENE: Ele era cego, não é?
FRANCO: *Esse era Homero.*
VALERIA: Afinal de contas, nunca vamos conseguir chegar lá, podemos espremer toda a lógica que temos, mas a filosofia, afinal, é infinita.

MARIANNA: O que Sócrates pensava é difícil que a gente também pense. Sócrates fez esse mito porque pensava uma determinada coisa que queria que as pessoas entendessem, mas nós não somos como a mente de Sócrates.
FRANCO: *Não, nós não somos como a mente de Sócrates.*
GRETA: Eles estavam com ciúme.
VALERIA: Ciúme de quê? Se não têm a mente aberta, como podem saber o que é a filosofia?
GRETA: Talvez eles pensassem que eram os mais inteligentes de todos, depois chega uma pessoa que eles entendem que é mais inteligente que eles, mas não querem admitir.
FRANCO: *Você acha que tudo nasce da inveja?*
LUCA: Não, da convicção das pessoas. Estavam convencidos das coisas em que acreditavam, como na época de Jesus, quando os romanos estavam convencidos de seus deuses. Não queriam Jesus e o mataram, como mataram Sócrates.
VALERIA: Se for pensar, o fogo da caverna poderia ser o veículo da filosofia, porque é por meio do fogo que fizeram as sombras, e as sombras são meio verdadeiras e meio falsas. É como a filosofia: te leva para o meio das coisas que você pensa.
MATTEO: Sócrates disse a todos os homens: "Talvez exista um mundo novo, não têm de acreditar que exista só este", e no final foi morto.
GRETA: Talvez eles não quisessem ser confundidos. Se pensavam uma coisa, pensar outra talvez fosse difícil pra eles.
MARIANNA: Não conseguiam mesmo entendê-la... e por isso o mataram.

Reflito sobre a autenticidade de seus argumentos e me pergunto se a época em que eles vivem vai ser capaz de acolher e desenvolver tamanha sensibilidade e inteligência.

Nos dias que se seguiram à morte de Luca, na aldeia de Giove, vivemos momentos de alta intensidade, nos quais parecia haver realmente uma comunidade capaz de assumir uma dor grande demais para não deixar qualquer um atordoado.

No funeral na igreja e na pequena cerimônia leiga organizada pela escola, havia sinais provisórios de uma possível comunidade, capaz de não esquivar-se das perguntas de fundo e de sentido que uma tragédia acarreta.

5

ÉTICA E CROCODILOS

Ensino em Giove desde meus trinta anos.

Quando passei no concurso e fui até a Superintendência para saber que lugares estavam disponíveis, não hesitei um instante em escolher Giove: não ficava muito longe de casa e, além disso, um deus[24], um planeta, uma vila... Para mim, que sempre amei a astronomia e a mitologia, foi um verdadeiro convite a jogar com assonâncias intrigantes.

Assim, passados mais trinta anos, ainda estou aqui ensinando, em uma cidadezinha que agora faz parte da minha vida.

Uma tarde de janeiro, enquanto olhava meio absorto as crianças que desenhavam o pôr do sol para observar os deslocamentos que o sol faz no inverno ao longo do horizonte, de repente se aproxima Mario, o pai de um antigo aluno meu, e me diz: "Franco, no fim das contas, a gente deu certo em Giove. Tem muitos estrangeiros que vivem aqui, mas eles são bastante integrados. Perdemos muitas batalhas, mas, com relação à convivência, podemos estar satisfeitos. Muitos deles trabalham como fizemos nós no pós-guerra: para sair da pobreza, dirigem caminhões. É um trabalho duro, mas ganham dinheiro e começam a melhorar de vida".

Giove é uma pequena vila da Úmbria, erguida em volta de um castelo renascentista com vista para o vale do Tibre. Quando vim para cá para ensinar, PC não indicava o *Personal Computer*, mas o Partido

24 *Giove*, em italiano = Júpiter (NdT)

Comunista, que, na época, reunia quase metade dos consensos populares e do qual Mario era o representante histórico na vila.

Um grupo de casas espalhadas no campo, em direção a Amelia, era chamado de *Pequena Rússia*, pela elevada porcentagem de votos comunistas, e uma militante particularmente ativa era chamada por todos de *senhora Gorbachova*, mostrando que, na linguagem cotidiana, não tinha se apagado o eco dos dois grandes blocos em que o mundo havia se dividido nos anos da Guerra Fria.

"Aqui também" — continua Mario — "quando os camponeses voltaram da guerra, alguns tinham obtido a carteira de motorista no exército e começaram a dirigir os caminhões, ganhando um pouco melhor. Foi assim que nos resgatamos da fome e começamos a melhorar de vida. Depois, alguns começaram a trabalhar como ferroviários, e muitos foram trabalhar em fábrica". Apesar de Giove votar à esquerda nas eleições políticas, durante vinte anos, teve como prefeito um engenheiro democrata-cristão, altamente respeitado na vila, inclusive por ter feito empregar um bocado de moradores na siderúrgica de Terni[25], onde dirigia o departamento de pessoal.

Lembro-me de um dia em 1988, quando, de manhã cedo, me abordou no bar um ancião da vila dizendo-me: "Não dormi a noite inteira. Fiquei acordado para ouvir no rádio os resultados do referendo no Chile. É importante, sabe, porque Pinochet perdeu, e finalmente o país vai poder voltar à democracia".

A ideia de que um velho camponês da Úmbria tivesse ficado de vigília uma noite inteira para ouvir os resultados de um referendo realizado em um país da América Latina, a 12.000 quilômetros de distância, me impressionou muito. A solidariedade e o sentimento de amizade com relação ao povo chileno, vítima de uma ditadura terrível, eram filhos de um imaginário e uma militância internacionalista que a esquerda tinha alimentado desde a sua criação e que, no decorrer de poucos anos, logo desabaria.

25 Cidade italiana da região da Úmbria (NdT)

Hoje em dia, o olhar sobre o mundo é bem diferente, e as questões internacionais interessam mais pelas consequências que acarretam para nós do que por sentimento de solidariedade. Em poucos anos, chegaram a Giove numerosos imigrantes, entre os quais mais de 50 romenos. Uma comunidade considerável em um vilarejo com pouco menos de dois mil habitantes. Em uma pesquisa que fizemos alguns anos atrás envolvendo todas as crianças da escola, descobrimos que, na vila, havia estrangeiros vindos de 21 nações diferentes. Naquela ocasião, imprimimos um pequeno livreto que juntava cantos, contos e receitas, narrados por mulheres e homens que tinham vindo viver em Giove de quatro continentes. Apresentamos a produção numa manhã de dezembro, no dia em que, todo ano, convidamos os pais para assistir a pequenas peças de teatro propostas pelas crianças. Mais tarde, por ocasião do ano-novo, o município o distribuiu a todas as famílias.

Foi então que a classe de Roberta, em que havia três crianças romenas, ensinou a todos uma canção de Natal em sua língua. Quando a cantamos, houve mães daquele país que se puseram a chorar, comovidas ao ouvir os sons de sua terra durante uma cerimônia pública na nação estrangeira a que tinham sido forçadas a emigrar.

Não sei quanto a imagem de positiva convivência do ancião militante comunista de Giove corresponde à verdade, porque as vozes e os sentimentos de quem vem de longe são complexos e difíceis de interpretar. Eu sei com certeza que a escola básica, mesmo entre luzes e sombras, foi o *lugar público* capaz de maior acolhimento para os imigrantes, na Úmbria e em toda a Itália. E a presença maciça de crianças estrangeiras, que embaralha bem as cartas, quando acompanhada de políticas não destrutivas, poderia ajudar todos a repensar a fundo a questão do educar as crianças hoje.

A geografia da migração, de fato, combina expectativas sociais diferentes em relação à escola. Assim, observando o rigor na educação e a forte preocupação com os resultados educacionais dos filhos por parte dos pais romenos de Giove, percebo o quanto mudou, ao contrário, a atitude de muitas famílias italianas em relação ao empenho a ser colocado nos estudos. Muitos pais se preocupam, é claro, com que seus filhos estejam bem enquanto forem pequenos, mas, com o passar dos anos, vão esperando menos e menos da escola no que diz respeito ao futuro. É cada vez mais difícil, para as famílias italianas, acreditar no estudo como uma oportunidade para melhorar a qualidade de vida de seus filhos, dando-lhes a oportunidade de encontrar um trabalho digno, que os ajude a imaginar e tentar construir para si um horizonte mais amplo.

CRESCER EM GIOVE

Num dos primeiros anos dando aulas em Giove, fiz para as crianças do quinto ano a mesma pergunta de sempre de nós, adultos, indagando o que elas queriam fazer quando crescessem. Elas responderam cabeleireiro, frentista, construtor, vendedora, jogador de futebol. Um menino pequeno e louro, filho de um agrimensor, respondeu que tinha vontade de ser arquiteto, que era o trabalho que seu pai queria ter feito.

Lembro que voltei desanimado para casa, pensando em como era difícil, em uma pequena vila, ampliar o horizonte das próprias expectativas. Agora que sou *professor-avô*, já que vários alunos dos meus primeiros anos levam seus filhos à escola pela manhã, percebo que eles eram muito mais realistas do que eu. Encontro-os e cumprimento-os, fora da escola, e vejo muitos deles serem frentistas, pedreiros, funcionários de loja. Para um garoto alto e ágil, bom no futebol, uma equipe da Apúlia tinha feito uma proposta para jogar na Série C, mas ele preferiu continuar jogando na Úmbria, porque não teve ânimo de ir para longe de casa aos dezoito anos. Dos poucos que foram para a cidade, à universidade, vários ficaram fortemente decepcionados e desistiram.

Ouvindo-os contar como frequentemente, na universidade, os professores não prestam atenção alguma aos estudantes e demasiadas vezes parecem até tolerá-los de má vontade, sinto uma grande raiva. Encontro-os, converso com eles e penso em quão pouco se faz, em nosso país, para garantir o direito de todos a um bom ensino superior, "removendo os obstáculos da ordem econômica e social que, ao limitar de fato a liberdade e igualdade dos cidadãos, impedem o pleno desenvolvimento da pessoa humana", como reza nossa bela e inaplicada Constituição.

Quase 50 anos se passaram desde as angustiadas queixas de Don Lorenzo Milani e *seus* meninos do Mugello[26], e, na Itália, quase nada mudou no que diz respeito à relação entre as classes sociais e a educação. Formam-se apenas os filhos dos formados, ou quase isso, e somos o país europeu com uma das mais baixas taxas de jovens que terminam a faculdade. No microcosmo em que trabalho, com amargura, muitas vezes observo meninas e meninos de inteligência aguçada e grandes capacidades afastarem-se gradualmente dos estudos, não o percebendo como um território adequado para eles, no qual poderiam crescer. E agora que, com a crise, é cada vez mais difícil para as famílias manter os filhos nos estudos, muitos caem no grande caldeirão dos dois milhões e meio de jovens na Itália que não estudam nem trabalham.

Com relação à falta de trabalho, talvez não sejamos culpados, mas, no que se refere à falta total de confiança de muitos jovens com relação aos estudos, acredito que nós, professores da educação infantil ao ensino universitário, devamos interrogar-nos com rigor, porque acho que várias responsabilidades são mesmo nossas.

A questão da responsabilidade, afinal, toca um ponto nevrálgico do profundo mal-estar que caracteriza o nosso país. Nas atitudes e na cultura corrente, de fato, prevalece com demasiada

---

26 Área geográfica do norte da Toscana onde, em Barbiana, pequena localidade perto de Vicchio, Don Lorenzo Milani fundou sua escola de tempo integral. (NdT)

frequência o jogo de empurra-empurra. Há sempre alguém ou alguma condição ou instituição que nos impede de fazer o que gostaríamos. Há mil razões para a gente denunciar e se rebelar contra o que não funciona, mas muito raramente acompanhamos a crítica ao gesto penoso de olhar no espelho e perguntar o quanto nós, dia após dia, fazemos escolhas concretas para que as coisas aconteçam de forma diferente.

Na área da educação, por exemplo, conheço um monte de professores que se empenham e se envolvem em primeira pessoa, colocando toda a sua energia para dar sentido a seu trabalho e tentar desenvolvê-lo da melhor forma possível, mesmo em situações de grandíssima dificuldade. Seu exemplo me conforta, porque mostra que, quando a crítica radical a como anda o mundo se entrelaça com um compromisso concreto e efetivo, as coisas começam a mudar. Crianças e jovens são muito sensíveis à energia e convicção que os adultos colocam no que fazem, e tiram as devidas conclusões.

UM LIVRO ORAL PARA LERMOS JUNTOS

Com palavras convincentes, as *Diretrizes Nacionais para o Currículo* exortam os professores a educarem para a cidadania.

O problema da educação para a cidadania, assim como da educação intercultural e da educação ambiental, sobre as quais experimento e me questiono há muitos anos, está no risco do sermão, que é a pior maneira de apresentar temas civis e morais às crianças.

Penso, pois, que a possibilidade de nutrir com elementos éticos nossa prática educacional não pode se dar senão através do exemplo e da empatia.

Um episódio da vida de Gandhi fala a esse respeito. Narra-o Raimon Panikkar em *Entre Deus e o cosmos*[27]: "Uma mulher que vivia no ashram um dia pede a Gandhi para fazer entender à sua filhinha que ela está comendo doces demais e, assim, vai arruinar seus dentes. Já disse isso várias vezes à sua filha, mas ela não a escuta. Gandhi ouve seu pedido, deita sobre ela um olhar triste e não diz nada. A mulher desconfia ter dito algo que não deveria. Algumas semanas mais tarde, encontra novamente Gandhi e sente a necessidade de pedir desculpas por tê-lo incomodado. 'Quando me pediu para falar com sua filha' — disse Gandhi — 'eu também comia muitos doces. Agora estou curado. Traga-a para mim e lhe direi que não deve comer tantos doces'. Até quando quem fala não tenha incorporado em si próprio o que diz, as palavras não têm força — diz Panikkar. Palavras tipo 'sejam bondosos' não passam de mero blá-blá-blá. Primeiro, tenho que ser capaz de dominar minha própria gula. Só depois posso dizer que não se deve abusar dos doces. É essa a força das palavras que saem do silêncio, matriz de toda palavra. É por isso que a palavra, quando é realmente palavra, é revelação, e é por isso que, pelo contrário, a prostituição da palavra é um dos pecados culturais mais graves da humanidade".

Confrontar nossos comportamentos, muitas vezes flutuantes e inadequados, com a coerência radical que Gandhi pedia a si mesmo é algo que levaria muitos de nós a parar de falar e renunciar ao ensino. Penso, no entanto, que, se temos a pretensão de educar, nunca devemos esquecer que as crianças observam atentamente o corpo, o comportamento e o exemplo que lhes damos. E, portanto, com a consciência de nossos limites, temos o dever de aumentar cada vez mais a consciência das mensagens concretas que damos por meio do nosso modo de operar, em vez de nos refugiarmos na retórica das belas palavras.

---

27 Raimon Panikkar, *Tra Dio e il cosmo*, Laterza, Bari, 2006. (NdA) — Raimon Panikkar, *Entre Dieu et le cosmos. Entretiens avec Gwendoline* Jarczyk, Albin Michel, Paris, 1998. (NdT)

Falar de escuta é fácil, muito mais difícil é praticá-la e construir espaços e relações para que um convívio aberto e profícuo fermente e cresça. Talvez devêssemos fazer um exame de consciência mais amiúde e perceber o quão frequentemente nós, professores, nos satisfazemos e conformamos com aquilo que, com franqueza icástica, Panikkar chamou de *prostituição da palavra*.

Na minha experiência, os lugares onde tenho experimentado de forma mais eficaz o jogo e a prática da *identificação empática* são a leitura e o teatro.

Dois anos atrás, li para as crianças do terceiro ano a história de Robera, um menino etíope que havia escapado da guerra e, com a mãe, enfrenta uma longa jornada no deserto que o leva do Sudão à Líbia e, em seguida, à terrível experiência da travessia do mar até a Sicília. Robera tem a mesma idade das crianças e leva anos para chegar a Roma, onde Cecilia Bartoli, uma amiga psicóloga, recolheu as palavras suas e de sua mãe[28].

Esse testemunho oral que leio para eles *envolve* meninas e meninos com tanta intensidade que decidimos encená-lo para o Natal, transformando seu curto relato em uma narrativa coral, acompanhada por simples movimentos evocativos.

O impacto que a confrontação com aquela crônica teve nesse momento permaneceu em minha cabeça com tanta força que, durante o verão, pensando em um tema para nossa última peça de teatro e em um livro que poderia acompanhar-nos durante todo o quinto ano, planejo ler em classe *Existem crocodilos no mar*[29].

Trata-se de um *livro oral* escrito por Fabio Geda, que recolhe o longo testemunho de Enaiatollah Akbari, um menino afegão nascido em uma pequena aldeia no interior de Nava. Assim, a leitura da

---

28 Anos depois de ter me dado o conto de Robera, Cecilia Bartoli o publicou em um livro: *Gli amici nascosti* (Os amigos escondidos — NdT), Topipittori, Milano, 2014. (NdA)

29 Fabio Geda, *Nel mare ci sono i coccodrilli. Storia vera di Enaiatollah Akbari*, B.C. Dalai editore, Milano, 2010. (NdA) — Fabio Geda, *Existem crocodilos no mar*, Editora Fontanar, Rio de Janeiro, 2011. (NdT)

longa odisseia de *Enaiat* pontuará durante meses nossas atividades, constituindo uma espécie de contraponto, porque, enquanto nossas pesquisas podem ser ousadas e trazer-nos surpresas, mas todas tendo lugar dentro do perímetro da pequena vila de Giove, com companheiros que reencontramos todo dia, Enaiat enfrenta sozinho a luta pela sobrevivência e a procura por um futuro melhor, deslocando-se do Afeganistão ao Paquistão, do Irã à Turquia, até a Grécia e a Itália, onde teve a sorte de ser acolhido e adotado pela família de Danila, uma mulher que trabalha nos serviços sociais em Turim.

Sua viagem, que durou mais de cinco anos, é uma escola primária ao revés, onde não existem colegas e professores, e tudo o que Enaiat aprende é porque o sofre na pele, sem qualquer ajuda. Uma experiência difícil, a sua, crivada de enganos, violências policiais, fugas forçadas e exploração no duro trabalho da construção — em que, entretanto, também vivencia momentos de felicidade, amizades profundas, inesperadas solidariedades. Enaiat observa tudo o que encontra e acontece com a pureza ingênua de um olhar desprovido de preconceitos, descrevendo com simplicidade e nitidez a mixórdia humana que compõe o nosso mundo contemporâneo.

Ao contrário de Odisseu, não tem Atena que acompanhe Enaiat em seu vagar, se perder e buscar continuamente o caminho. Não há nem mesmo a ilha de Ítaca para onde voltar. Apenas três conselhos, pronunciados pela mãe antes de abandoná-lo na cidade de Quetta, acompanham Enaiat durante toda a viagem: não se drogue, não roube e nunca use uma arma, por motivo nenhum.

O paradoxo da história, que desde o início abala a mim e as crianças, está na escolha de uma mãe que, para salvar seu filho de uma perspectiva certa de morte, o abandona sozinho ao seu destino quando este tem dez anos, como nas passagens mais cruéis dos contos de fada tradicionais.

Sozinho, Enaiat deve escolher qual trabalho aceitar e em quais adultos pode confiar, em que cidades ficar e que viagens empreender. É forçado a vender-se a implacáveis traficantes de seres humanos que não hesitam em deixar mulheres e crianças morrerem de frio nas montanhas da Turquia, mas também encontra uma esplêndida mulher idosa de nacionalidade grega, que o acolhe e o salva, cuida dele e o agasalha, permitindo-lhe continuar a viagem.

Ao longo dos meses, Enaiat se torna cada vez mais presente para as crianças. Nos momentos mais inesperados, então, há sempre alguém na classe que diz: "*vamos ler!*". Então, quando podemos, paramos tudo, vamos para o chão e, sentados em círculo, escutamos as palavras que trazem Enaiat de volta para o meio da gente. No começo de nossas rodas, tem sempre quem conte para alguém o que perdeu nas leituras anteriores, porque esteve ausente de corpo ou de alma, para depois, juntos, continuarmos a viagem.

As façanhas de nosso jovem amigo afegão tornam clara a possibilidade peculiar da leitura, que é de levar-nos para um outro mundo. Um mundo do qual, sem aquelas palavras, nunca teríamos podido nos aproximar. A questão, então, é: o que a gente tem a ver com esse mundo? O que somos capazes de trazer de volta? Quanto e como essa experiência vai *nos marcar*?

Enaiat diz que pertencer à etnia *hazara* no Afeganistão significa ser objeto de assédio constante e vítima de racismo. Mas será que podemos entender *aquele* tipo de discriminação, se as formas de marginalização que cada um de nós talvez tenha sofrido não estavam relacionadas à nossa origem étnica? Discutimos extensamente sobre discriminação em nossa classe, porque sentir-se excluído é uma das fontes de maior sofrimento para as crianças.

No entanto, há um vazio, uma lacuna que parece intransponível, porque não acho que a gente possa realmente imaginar o que significa ser *hazara* entre os *pachtuns* ou negro entre os brancos. Pode-se imaginá-lo, talvez, e a literatura é, com certeza, um lugar privilegiado para sentirmos o que não somos. Mas nisso tudo percebo um limite, naturalmente.

Se "o fundamento da ética é a capacidade de empatia com o outro, e um comportamento moral não é sequer concebível sem a capacidade de imaginar a si mesmo numa situação diferente da própria atual" — como escreve Alfonso Berardinelli em *O herói que pensa*[30] —, temos que perguntar-nos: quando é que tudo isso começa a acontecer? Quando é que se criam as condições para que a gente possa se sentir próximo ou, de alguma maneira, *hóspede temporário* de uma condição diferente da nossa?

EDUCAR PARA A VULNERABILIDADE

A minha impressão é de que tudo isso pode começar a acontecer quando colocamos à prova nossa *vulnerabilidade*. Quando aceitamos ser *atingidos* e *feridos* por algo com que nos deparamos. Quando se rompe a nossa indiferença.

Entramos, aqui, numa área sensível. Seria possível, então, *educar para a vulnerabilidade*? É justo fazê-lo? E em que medida?

Na página 22 do livro, Enaiat relata a primeira vez que o Talibã chega à sua aldeia. Em poucas frases apenas, passamos de um clima de serenidade, onde as crianças brincam descalças entre as cabras e adoram ir para a escola, a um clima de extrema violência, em que um grupo de jovens Talibãs, que vieram de longe, irrompem na classe de Enaiat, levam o professor para fora, o ameaçam diante das crianças atônitas e o obrigam a fazer o que ele nunca fez, ou seja, usar a religião como uma arma contundente. O professor se recusa, e as crianças assistem inermes à humilhação pública de um adulto que elas amam.

Nos dias seguintes, o professor explica-lhes o que é dignidade e por que tem que ser defendida a todo custo, mas logo a situação se complica, e numa manhã, no pátio poeirento da escola, o professor é agarrado, jogado com a cara na parede e morto à queima-roupa com uma metralhadora na frente de seus alunos, que assistem a tudo estarrecidos.

---

30 Alfonso Berardinelli, *L'eroe che pensa*, Einaudi, Torino, 1997. (NdA)

A cena é horripilante, e eu tremo enquanto a leio. Estamos na escola, sossegados, lendo uma história... e essa história de repente nos leva para uma geografia distante, onde coisas terríveis acontecem. Desconcertado, Mattia pergunta em voz alta: "Mas isso aconteceu de verdade?". Simone e os outros lhe respondem: "Claro, essa é uma história real!".

Mattia sabia muito bem que a história era verdadeira. Mas, com a sua pergunta, queria dizer: "É possível que tudo isso aconteça?".

Sim, é possível, me dá vontade de responder. E é justo conhecer essas histórias, assim como é justo conhecer a história da Roma antiga, porque, se a escola tem a tarefa de escancarar janelas e abrir nossos olhares sobre os acontecimentos, não podemos esgueirar-nos para longe dos horrores do mundo.

Em setembro de 2004, nos primeiros dias de escola, um horrível massacre foi consumado em Beslan: 386 crianças e pais foram mortos pelo fogo e pelas responsabilidades conjuntas de um grupo terrorista checheno e das forças especiais da Rússia de Putin.

Aquela festa do primeiro dia de aula, aquele ginásio cheio de pequenos alunos e seus familiares transformado abruptamente em um campo de concentração, com as crianças de mãos para cima, impressionou profundamente os alunos do meu quinto ano da época. Tinham visto as imagens no telejornal, tinham esperado por três dias o êxito incerto daquela chantagem, onde centenas de vidas inocentes estavam em jogo. Quando começaram nossas aulas, o massacre acabara de ser consumado, mas eu sentia que aquelas imagens permaneciam dentro das crianças e continuavam a feri-las.

Depois de ter refletido longamente com os colegas, resolvemos que não podíamos agir como se nada tivesse acontecido. Então, pouco a pouco, cautelosamente, voltamos àquelas imagens que as crianças tinham visto fugazmente na televisão. Nós as ajeitamos na sala de aula e as olhamos com calma. Eu trouxe uma reprodução grande da foto onde havia uma criança com as mãos para cima que olhava nos olhos o homem que lhe estava apontando uma metralhadora. Tentamos entender, sem conseguir, o que pode levar os homens a tanto. Ficamos com pena das mães petrificadas pela dor e das crianças que vagavam sozinhas nas imediações daquela que foi sua escola e que agora era só uma pilha de escombros.

Depois conversamos e escrevemos e conversamos ainda mais. De impulso, Giorgia traçou no papel de seu caderno palavras que, ao serem lidas, soam como um mantra: "Criança aterrorizada amedrontados fugir correr gritar escalar refugiar-se disparar beber despir-se banhar-se movendo-se fixação tiroteios gatilhos rifles vida morte estacados apavorados horta campos mundo céu terra água areia desorientação sequestro rua estrada ameaças sons melodias por campanhas casas montanhas grupos jogos objetos buraco camas histórias frutos ginásios jornais janelas portas acontecimentos agendas anotações livros notícias caminhar animais comida escola sangue".

INVENTAR UMA CERIMÔNIA

No dia seguinte, no chão da ex-igreja que na época abrigava o ginásio da escola, colocamos 186 velas e as acendemos uma por uma para rememorar as 186 crianças de Beslan que, no primeiro dia de escola, haviam sido *sacrificadas* em nome de lógicas de guerra, cruéis e incompreensíveis, de machos adultos que, em três dias, causaram 386 mortes. Todas as crianças da escola estavam ali, e, pouco a pouco, quem tinha escrito algo leu o que tinha passado pela sua mente, rodeado por um grande silêncio.

Na incerteza sobre o que fazer naquela manhã, quase sem sabê-lo, *inventamos uma cerimônia*, porque provavelmente era disso que sentíamos necessidade.

Essa imagem voltou à minha mente pensando que talvez, se quisermos educar para a paz e a convivência, como é justo que tentemos fazer, deveríamos também, de alguma forma, "educar para a guerra". Ou seja, parar e olhar fundo, com o tempo que as coisas difíceis requerem, o que muitas vezes as crianças acabam tendo distraidamente diante dos olhos, através da televisão ou outras telas.

Se quisermos que nunca confundam, em suas mentes, a grande quantidade de imagens frequentemente violentas veiculadas por *video games* cada vez mais realistas e sofisticados com as imagens de guerras de verdade e massacres e carestias que passam nos telejornais, devemos nos armar de coragem e tentar, com muito cuidado e cautela, falar sobre a guerra, porque a guerra existe. Porque, sem olhar essas imagens cara a cara e tentar entender e compreender plenamente de qual horror são capazes os seres humanos, é difícil entender muitas coisas que acontecem no mundo, entre as quais as migrações, que, em quinze anos, multiplicaram por doze o número de crianças estrangeiras que povoam nossas escolas.

É MAIS DIFÍCIL ENCARNAR UMA PERSONAGEM SE ELA É REAL?

No terceiro ano, quando encenamos a história do menino etíope que fugiu da guerra no seu país, houve uma discussão apaixonada entre as crianças.

Simone argumentava que a montagem deveria ser diferente, porque "Robera tinha realmente enfrentado essas coisas". E Matteo acrescentava: "Você pode achar que essas coisas não aconteceram realmente, porque não quer que elas aconteçam... mas aconteceram!".

"Nessa história, tem uma criança que não é igual à gente" — argumentava Valeria — "ou melhor, é igual à gente, mas não viveu como a gente". E Asia especificava: "Nas apresentações que fizemos até agora, nunca teve realidade. Esta foi a primeira montagem que fizemos que foi verídica, e você se identificava ainda mais no papel, porque entendia um pouco como ele vivia, todas as viagens que fez, as sensações, as emoções todas...".

À afirmação de Asia, que argumentava que era mais fácil se identificar com Robera, já que a história era verdadeira, Marianna respondeu com decisão, argumentando que "a vida de Robera é muito diferente das nossas vidas. E por isso representá-la é difícil pra nós, que temos muito mais sorte que ele". "Na história de Órion, você podia inventar coisas" — acrescentou Greta — "porque não era de verdade, mas, nesse papel, tem que fazer as coisas bem-feitas, porque a história é verdadeira, não dá pra você inventá-la". "Eu acho mais difícil" — concluiu Valeria — "porque tem que representar os papéis do jeito que eles são. Não pode inventá-los, senão é um pouco feio se você for contar mentiras...".

O diálogo continuou por um bom tempo, mesmo depois da nossa pequena representação, porque meninos e meninas tinham se posto com firmeza a questão da responsabilidade.

Se você dá voz e corpo à história de outro, e aquele outro realmente viveu o que você está tentando representar, você não tem direito de mentir, argumentaram com força Valeria e Greta. De ficção, em que brincavam com os heróis dos mitos ou com os personagens bizarros saídos da imaginação de Roald Dahl, o teatro tornou-se para elas *lugar da verdade*, momento e oportunidade para tentar entrar em uma história que não era a delas.

Voltando à árdua questão do papel da ética na educação, frequentemente me vem à memória Alexander Langer, extraordinário líder ecologista e pacifista que tive a sorte de ter como amigo e que continua um importante ponto de referência para mim. Radical e extremo em cada escolha, Alex amava sintetizar as indicações práticas de comportamento que punha à base de sua vida formulando e propondo simples e trabalhosas escolhas, que ele chamava de "regrinhas". Um dia, propôs à nossa atenção esta *regrinha kantiana*: viva e comporte-se imaginando que suas escolhas poderiam ser feitas por todos os 6 bilhões de homens e mulheres que habitam a Terra.

Já se passaram alguns anos, e agora os habitantes de nosso planeta passam dos 7 bilhões. Os limites do progresso e os danos irreversíveis que muitos equilíbrios ambientais estão sofrendo são evidentes e provocam, junto das guerras, migrações de proporções bíblicas. No entanto, frente a um quadro que é claro para quem queira enxergá-lo, estamos muito longe de fazer nossa a proposta de Alex, porque envolveria uma mudança em nossos hábitos e algumas renúncias que muito poucos são capazes de aceitar. Assim, sua *regrinha*, que convida a não viver e consumir de uma forma que não possa ser vivida por *todos*, permanece um propósito muito difícil de praticar, mas que, talvez, devesse levar a nós, professores, a raciocinar a respeito, quando narramos o mundo e buscamos um sentido e uma direção que oriente nossa prática educativa.

UMA VERDADE... SÓ QUE NÃO MUITO CERTA

Estamos seguindo vários caminhos e realizando várias pesquisas, mas percebo que estou procedendo de forma bastante desordenada. Estou com medo de dispersar elementos e aquisições importantes e assim, um dia, olhando com desânimo para as folhas empilhadas em cima da mesa e na nossa estante, peço às crianças para juntos encontrarmos uma maneira de pôr ordem em todos os materiais que acumulamos.

Em um fichário de envelopes transparentes, cada um insere, a cada semana, fotocópias de páginas de livros que temos lido juntos, mapas que resumem alguns pontos a que têm chegado nossas pesquisas, reconstruções históricas feitas do nosso jeito e as transcrições dos debates que constantemente fazemos em sala de aula e que eu transcrevo em casa e depois devolvo para eles. Um pouco pomposamente, chamamos isso de ‘Nosso livro de história’, mas, para falar a verdade, me encontro na maior confusão.

Assim, um dia, peço ajuda para eles, porque sozinho não consigo pôr ordem em todo o material acumulado, e proponho começarmos pelo índice. Escrevemos, então, um elenco dos títulos das páginas que juntamos, mas reparamos logo que os textos têm caracteres diferentes. Que teriam em comum, de fato, as frases de Tales relatadas por autores antigos, a transcrição de nossos debates e uma reconstrução do nascimento do pensamento científico na Grécia, que adaptei dos livros de Denis Guedj e Carlo Rovelli?

"Para começar a fazer ordem, poderíamos inventar alguns símbolos que distinguissem os diferentes tipos de texto", sugiro. Irene prontamente se levanta, vai para o quadro, desenha um quadradinho e, dentro dele, uma espiral: "São todas as nossas mentes. Se unem e formam uma espiral", diz ela. "Mais do que as mentes, são os pensamentos que se unem", precisa Valeria. "Qual é a diferença entre mentes e pensamentos?", pergunto.

"As mentes são o que faz os pensamentos, e os pensamentos se entrelaçam com outros pensamentos, que outra mente fez", pontua Marianna, que faz questão de dar contornos precisos às palavras. "Podemos pôr um círculo" — propõe Matteo — "porque, quando discutimos, estamos sempre em um círculo". "O quadrado tem que ser tirado" — clama com firmeza Valeria — "porque é como uma prisão, enquanto os pensamentos voam... Os pensamentos não estão presos, você pode sempre falá-los...".

Por sugestão de Matteo, o símbolo que finalmente escolhemos para caracterizar nossas discussões é um círculo levemente aberto na parte de baixo, que envolve uma espiral que se enrola sobre si mesma. Essa discussão me deixa contente, mas, para mim, a questão continua aberta: quando discutimos de verdade, ou seja, procuramos juntos, através do diálogo, descobrir algo que não sabíamos antes, são *somente* os nossos pensamentos que se entrelaçam, uma vez saídos das mentes, ou são nossas mentes que se entrelaçam, como — talvez impropriamente, mas com maior ousadia — sugeriu Irene?

As crianças sempre põem questões extremas, e quando falam, às vezes, tenho a sensação física de que *entram* de verdade em mim. Sócrates, que continua sendo o melhor mestre a ser interpelado sobre tais assuntos, alegava que tudo o que aprendemos tem origem no corpo e nos sentimentos que o belo desperta em nós. É, portanto, na *relação educativa* que nasce o conhecimento, como testemunha a forma com que aquela sabedoria chegou até nós. Podemos, de fato, aproximar-nos dessa inigualável lição de *método* através das palavras de Platão, que a vida toda tentou *colocar-se dentro* de seu próprio mestre e, certamente não por acaso, estruturou seus ensinamentos em forma de *diálogos*.

No meio da manhã, escolhemos como novo símbolo uma lupa. "Pra representar os textos antigos, temos que desenhar uma lupa, já que precisamos examiná-los de perto", sugere Matteo, que hoje escolheu o papel de grande organizador, enquanto, sobre os textos de comentário dos historiadores, que tentam reconstruir os acontecimentos do passado, se abre uma nova discussão. "Eu proponho uma pegada, porque as coisas antigas têm que ser procuradas, e cada coisa é uma coisa útil", argumenta Francesca. Marianna, por sua vez, propõe "um quadrado com muitos pedacinhos pequenos; você os junta, e eles formam uma coisa grande". "Como um quebra-cabeça", observa Mattia. "Por que um quebra-cabeça?", pergunto. "Os quebra-cabeças são construídos, e é graças a isso que sai a coisa completa" — responde Mattia — "só que, se você não tem todas as peças, o quebra-cabeça não lhe sai... É assim que se faz uma descoberta". "Primeiro, tem que tomar todas as informações; depois, juntando-as, aparece uma história", precisa Erika. "Assim, a verdade vem à tona", afirma Mattia.

"A verdade?", pergunto. "A reconstrução", responde Lorenzo, sempre atento em especificar as coisas. "Vem a verdade, só que sem ser muito certa", acrescenta, então, Mattia.

"Uma verdade que não é muito certa? Por que não é certa?", pergunto ainda, intrigado. "Porque sim" — conclui Mattia — "Você reconstruiu tipo um caso, mas não tem as comprovações de que seja uma coisa precisa, perfeita. Aí é uma verdade, sim, só que não muito certa".

Essa ideia de que podemos buscar *uma verdade, só que não muito certa...* me parece uma ótima definição não só da atitude que deveríamos manter no estudo da história, mas, em geral, na maneira de nos posicionarmos frente às coisas da vida e do mundo.

A frase me parece tão bonita que, no final do ano, tendo que escolher um título para o pequeno livro no qual reunimos cinco anos de perguntas, pensamentos, pesquisas e conversas, escolhemos a afirmação extraordinária enunciada naquela manhã por **MATTIA:** "*Uma verdade, só que não muito certa...*".

Leio uma metáfora de John Campbell, relatada em uma introdução à filosofia de Roberto Casati[31], que diz mais ou menos assim: filosofia é pensar em câmera lenta e ver, como em uma moviola, o surgir e fluir dos pensamentos, indagando-se a respeito. Gosto muito, e acho que é isso o que, sem sabê-lo, tentamos fazer há vários meses.

31 Roberto Casati, *Prima lezione di filosofia*, Universale Laterza, Bari, 2011. (NdA)

6

OLHARES MÚTUOS

Entre o inverno e a primavera, nossa classe se enche de cartas. Tem as que as crianças recebem e enviam para os filósofos de Rafael e as que recebem e escrevem regularmente para seus amigos em Veneza, desde o ano passado.

No quarto ano, nos veio o desejo de fazer com eles uma viagem realmente extraordinária no último ano. Conversando com a minha colega Cornelia, o problema com que a gente se defrontava era sempre o mesmo: como pedir dinheiro aos pais em uma hora tão difícil para tantos? Penso, então, que, para levá-los a Veneza, onde gostaria de concluir nossa longa jornada de encontro com a arte, precisamos encontrar, de alguma maneira, a possibilidade de hospedagem. Graças a alguns amigos do *Movimento de Cooperação Educacional*, que desde os anos sessenta faz da *correspondência escolar* uma das suas bandeiras, consigo um contato com uma professora que ensina para uma classe do quarto ano na ilha de Giudecca, e começamos uma correspondência com a ideia de que mais adiante, no quinto ano, nos hospedaremos reciprocamente.

Em tempos de internet, escrever cartas e colocá-las em envelopes a serem selados e enviados pelo correio pode parecer um paradoxo. De fato, poucos deles sabem o que é um selo, e ninguém nunca recebeu uma carta. No entanto, justamente nisso eu vejo uma oportunidade interessante, porque, entre os aspectos da vida que as crianças de hoje menos frequentam, está a *espera*: uma das experiências que a contemporaneidade mais menospreza.

Que eu saiba, ninguém tem estudado com a merecida atenção as consequências que o uso constante de telefones celulares produz sobre o amor, uma vez que cada um *deve* estar constantemente localizável e contatável.

Do meu pequeno e parcial observatório, só posso notar que as crianças não têm mais o direito e a possibilidade de viver uma experiência individual, medindo sozinhas suas próprias forças. Se forem sair para uma excursão, mesmo de algumas horas, os pais pretendem que estejam continuamente ao alcance da voz. E, claro, as crianças respondem em igual medida a essa demanda e, caso sintam uma breve dor de estômago, estejam tristes por um momento de saudade ou de repente topem com uma raposa em um parque natural, não resistem e precisam, no mesmo instante, ligar para a mamãe.

Sei que sou um homem do século passado, mas estou convencido de que a *interioridade*, para dilatar-se e expandir-se com amplo respiro, precisa de tempo. Se vejo algo que me surpreende e imediatamente sinto o impulso de comunicar o que sinto — e posso fazê-lo, porque tenho em mãos uma ferramenta que me permite compartilhar o que me acontece desde o primeiro impacto —, não dirijo para o interior a sensação e o sentimento que mal acabam de nascer em mim. Ou, pelo menos, o faço de forma muito diferente de como o faria se me encontrasse na impossibilidade de comunicar qualquer coisa.

Mas, para entrar em nós, visões e eventos precisam encontrar uma porta e mudar sua forma. Devem ter o tempo para *traduzir-se* em algo que só eu posso entender, que eu, particularmente, entendo assim. E é uma experiência mais acidentada e complexa que digitar um número e falar.

Algumas pesquisas afirmam que as crianças de hoje leem mais rápido do que anos atrás, mas entendem menos o conteúdo do que está escrito. Minha sensação é que, em muitos aspectos, estamos crescendo mais rapidamente, mas menos atentos, menos capazes de fazer o que nos é incumbido.

Talvez por isso a expressão *em tempo real*, que envolve um dos grandes mitos da atualidade, sempre tenha me feito rir. O que é *tempo real*? Aquele da sincronicidade? Do saber que escuto e vejo agora mesmo o que está acontecendo em outra parte do mundo ou na cabeça de um amigo meu ligado na rede?

Mas *real* não é, pelo contrário, o tempo em que as coisas encontram espaço dentro de nós, com a imprevisível e curiosa série de conexões que engatilham, para além de qualquer arbítrio nosso?

A DIFICULDADE DE ENSIMESMAR-SE NA ESCOLA

Em *Cem Anos de Solidão*, Gabriel García Márquez narra uma atitude particular dos homens da família Buendía, que consistia em seu contínuo *ensimesmar-se*. Quando reli em espanhol esse livro que eu amo, a expressão me surpreendeu e me intrigou, porque sempre fui atraído pelas palavras intraduzíveis[32]. Palavras que evocam a singularidade e a distância de uma língua e uma cultura e, ao mesmo tempo, nos convidam a bater naquela porta fechada. A palavra *ensimesmar-se* arrisca a possibilidade de tornar transitiva a mais reflexiva e imóvel das ações, que é o entrar em nós mesmos.

Voltando a pensar nisso agora, acho que essa palavra me emociona tanto porque é profundamente relacionada à infância. Estar em outro lugar enquanto você fica entocado dentro de si mesmo, de fato, é algo que diz respeito a todos. Mas é na infância que se vivencia no mais alto grau o ser absorvido e perder-se em seus próprios pensamentos.

"A alma é uma arca onde se escondem os segredos e os pensamentos", escreveu um dia Valerio. Durante anos, venho observando seu esforço em harmonizar-se com os jeitos e os tempos dos outros

32 Em italiano, não existe uma palavra correspondente, e o conceito de *ensimesmar-se* é expresso com uma perífrase. (NdT)

e sua necessidade de voltar constantemente para seu próprio mundo, que sempre foi muito distante do nosso. Não é raro que nós, professores, penalizemos aqueles que se demoram muito em sua própria intimidade, além de mostrarmos certa intolerância a segredos e distâncias. Sem querer e, por vezes, sem nem mesmo perceber, temos dificuldade em aceitar a timidez, frequentemente considerada como qualidade negativa a ser superada, quando sabemos que os tímidos costumam ser aqueles que mais têm capacidade de ir fundo.

Estou convencido de que a escola deve ser, antes de tudo, um lugar em possamos encontrar a nós mesmos. Um lugar onde a gente se abra, toque e estude o mundo, para poder melhor compreender qual é o papel que podemos desempenhar na vida, junto dos outros. Não se pode, pois, construir qualquer espírito crítico, qualquer liberdade e independência de juízo, sem que se parta de si mesmo e sem ter confiança de que se pode ter êxito. Mas que conhecimento temos de nós mesmos quando somos crianças? Quanto nos influenciam as imagens que os outros projetam sobre nós? O que realmente nos ajuda a conhecer nossas qualidades e particularidades?

No terceiro ano, um certo dia, fomos para o jardim e observamos demoradamente nossos olhos. Para introduzir essa pequena *ação,* propus a eles um jogo de atenção. Sem falar, devíamos dispor-nos em semicírculo, na ordem da cor da íris de nossos olhos. Aqueles que tinham os olhos mais claros em uma extremidade, e todos os outros, lado a lado, na ordem em que, aos poucos, a cor dos olhos ia escurecendo. O jogo das colocações não foi fácil, porque cada um tinha percepções diferentes do claro e do escuro, e fazê-lo em silêncio demandou muito tempo. Em seguida, nos dividimos em pares e, por mais de uma hora, extremamente concentrados, todos pintaram em um grande papelão redondo a pupila e a íris de seu colega, tomando cuidado em reproduzir todas as tonalidades de cor observadas.

Entre os pares, se criou uma grande intimidade, porque passar dezenas de minutos concentrado olhando uma colega ou um colega no fundo dos olhos não é algo comum. No final da pintura circular, cada um escreveu o que tinha visto, e eis aqui, por exemplo, o que viu o exuberante *Mattia:* “Nos olhos de Simone, vejo uma vaca, uma formiga, uma cabra. Vejo um porquinho, uma montanha, uma colina, um pescador, um alpinista, um esquiador. Também vejo o vazio. Vejo um avestruz, um banho dos sonhos, mas, mais do que qualquer coisa, vejo a mente dele, um caráter de malandro que nem eu. Vejo todas as travessuras que deve ter feito uma criança brincalhona. Vejo os sonhos bonitos dele e os feios também, e até os dois amiguinhos do coração, uma borracha, canetas, lápis, um cachorro e uma irmã”.

Voltando àquela concentração de olhares dois anos mais tarde, no final do outono, e de uma outra maneira, me vem à mente propor às crianças uma experiência. Preparo para cada uma delas um pequeno livreto de dezesseis páginas em branco, que havia encadernado em casa, e as chamo uma por uma em outra classe durante o recreio, confiando-lhes uma tarefa. Cada um deles, até a lua ficar cheia, terá de observar sem ser notado uma colega ou um colega que eu lhe indico, tentando colher o máximo de elementos possível de seu caráter através do que faz e de como se comporta.

Todos sabem que todos estão fazendo o mesmo experimento e, por isso, de vez em quando, nos momentos de intervalo, se espreitam rindo, observando-se tomar notas mutuamente. Mas, nessas duas semanas, o pacto é respeitado, e ninguém descobre quem é observado por quem.

Uma vez chegada a lua cheia, no final das duas semanas dedicadas às observações recíprocas, passamos uma manhã inteira lendo as notas nos livretos. As crianças estão ansiosas por saber o que o misterioso colega observador viu em cada uma delas, e as leituras são acompanhadas por momentos de grande excitação, risos e instantes de comoção, quando alguém se sente flagrado em seu jeito de ser. Vou relatar amplos fragmentos de alguns escritos.

Matteo escreve que *Francesca* "dá cambalhotas, planta bananeira, faz rodas, canta e dança. [...] Se sente observada, ajeita sempre o cabelo e joga sempre a franja para cima. Tem defendido suas opiniões e pontos de vista. Tem procurado ultrapassar suas dificuldades, fica sempre batendo boca sobre os erros. [...] Ri com muita frequência, não respeita as regras, faz coraçõezinhos, decora o caderno, arruma a sala de aula, desenha o labirinto de Dédalo na lousa, faz cálculos na carteira e passa debaixo das carteiras".

Ylenia, de seu canto silencioso, se mostra dotada de grande capacidade de observação. Eis o que escreve sobre *Fabio*: "Grita, bate a mão na mesa do professor, corre, faz brincadeiras, mexe nas coisas dos outros, diz coisas que não são verdadeiras, faz cócegas, pega as pessoas pelo pescoço, finge que vai bater, irrita Francesca e luta com ela, pula, escorrega, brinca com Valerio, empurra, dá palmadas na bunda de Valerio, corre pela escada, trepa, explode o balão, fala quando o professor diz que temos que ficar calados, se mexe quando não tem que se mexer, ri o tempo todo, barra todo mundo, bate as mãos na parede, bate palmas, olha para o que escreveu, não deixa ver as coisas que escreveu, imita alguém, se cobre com o avental, fica irritado se lhe fazemos algo, abraça Lorenzo, repete as coisas que os outros falam, pega Lorenzo no colo, força Lorenzo a ficar sentado, bota o apagador de lousa na cara de Francesca, ajuda Marianna a levantar-se, pega o caderno de Valerio, olha no estojo de Lorenzo, finge dar um tapa em Valeria, imita a galinha, cochicha com Valerio, ri do que Valerio diz, empurra Francesco, me faz ver se escreveu muito, briga comigo porque não me deixa olhar as coisas, grita porque finge que o estão machucando, não gosta que a gente lhe diga as coisas que tem que fazer".

Valerio escreve de *Erika*: "É tranquila; no recreio, conta os segredos e escreve na carteira, ouve com muita atenção o que o professor Franco diz. É generosa e, se você pedir conselhos, ela lhe dá. [...] Às vezes repreende os outros se fazem algo errado, não é muito ordenada. Esta manhã, 28 de novembro de 2012, está muito estranha. Como se alguém a tivesse ofendido ou estivesse zangada. Mas agora está falando com Valeria, e acho que se acalmou". Lara, por sua vez, escreve de *Simone*: "Ele namorava a Francesca, mas a Francesca o largou porque o Francesco ficou dizendo pro Simone que ele não entendia nada. Como essa coisa a magoou, ficou triste por 2, 3 dias, mas agora está muito bem".

Francesca escreve de *Luca*: "Ele é misterioso e não fala muito, é reservado e me parece que demora um pouco pra se ambientar, mas vejo que está se tornando um amigo de verdade. É animado, muito simpático e, com o passar do tempo, vai ficando mais sociável. Acho que se dá bem com a gente, já que nós também somos dinâmicos. Às vezes se liga mais nos meninos, mas aos poucos está mudando. É tranquilo e silencioso todo dia; quando ficamos em círculo e contamos nossas ideias, não fica agitado. [...] É muito atento, é como se estivesse num mundo só seu acompanhando a discussão que a gente está tendo. Pra mim, ele é especial, porque é diferente dos outros meninos, já que, quando os meninos brincam no recreio, raramente se junta com eles, fica mais é pensando na carteira. [...] Ainda não fala muito, mas talvez não tenha muita coisa a dizer, enquanto a gente, pelo contrário, conta tantas coisas pra ele que não sei como a cabeça dele ainda não estourou!".

Sobre *Mattia*, Valeria escreve, observando que, "pelo olhar, dá logo pra ver que não vê a hora de chegar sexta-feira pra descobrir quem espia quem. É muito ansioso e curioso. Por causa de alguns olhares dele, eu poderia dizer que parece um detetive que quer logo encontrar uma solução para o caso. Achei muito interessante a ideia que disse quando estávamos discutindo sobre o ano zero, que é: 'Pra mim, o ano zero é uma foto que não é uma foto, porque é uma foto no sentido de que uma foto, depois de tirada, fica pra sempre, exatamente que nem o ano zero, mas também não é uma foto porque existe até hoje, na realidade; o ano zero, então, não é só uma memória'. Hoje, fiquei impressionada quando ele disse: 'o zero é um número que não é um número', enfim, hoje disse muitas coisas importantes e interessantes. [...] Brinca com todo mundo. Agora está escrevendo com muita convicção. É calmo enquanto escreve, aliás, nunca o vi com um olhar tão misterioso assim. Quando escreve, não é inquieto nem animado, mas é como se vivesse em outro mundo, em que vivem o silêncio, a tranquilidade e a paz. Quando escreve, acho que as outras vozes não existem pra ele, é como se as vozes quicassem nele, mas ele tem uma força de devolvê-las pro lugar delas. [...] Estou muito orgulhosa por ele e o Luca terem ficado amigos logo. Nas perguntas de geografia, acho que se deu bem, só que tinha outros pensamentos na cabeça, ou estava muito nervoso. Hoje, pelo contrário, repete o tempo todo: 'Amanhã é o meu aniversário!'. Acho que ele o diz tantas vezes assim porque, para ele, os 10 anos talvez sejam muito importantes, tipo têm sido para mim. Mas eu acho que os 10 anos são a idade em que a gente está se tornando sábio. Quando fizemos o aniversário dele, ficou muito feliz e contente e também muito acolhedor".

Irene, sempre muito concisa em seus escritos, anota sobre *Matteo*: "Fica com raiva, brinca, se diverte, pensa, olha, faz coisas estranhas, fica com os amigos, conversa com os amigos, escreve, sente calor, joga futebol, sua, dá uma risadinha boba, tem uma irmã e um irmão, é divertido, é bobo e se avermelha".

Enfim, eis o que Marianna escreve de *Valerio*: "Calmo, sonhador, tranquilo, brincalhão, silencioso... Escreve o livreto que nem os outros, conversa com todo mundo, mas, às vezes, parece opaco. Silencioso e gentil, nunca levanta a voz e não bate em ninguém e não quer se meter nas brigas. Hoje, está feliz e brinca muito, depois passou a desenhar em seu diário. Acho que ele tem um mundo só dele e está sempre imerso desenhando. Hoje, parece muito feliz, apesar de estar com um olhar triste e pensativo. Não me parecia triste, apesar de ser segunda-feira, e tem um ar desconcertante e pensativo, como se estivesse em outro mundo sem confins e coisas ruins. Hoje, a manhã parece sem tempo; como sempre, com poucos pensamentos na cabeça; depois, no decorrer do dia, a cabeça dele se enche tanto que parece explodir. Parece sempre igual (no que se refere ao caráter), mas diferente; em suma, uma verdadeira 'tempestade' sem trovões e relâmpagos, mas com pensamentos apenas. Ele não se importa com as coisas que os outros dizem, porque pensa por si".

Depois da leitura de cada livreto, sem eu tê-lo planejado, nos veio espontaneamente a ideia de sintetizar em um nome o conjunto das observações feitas pelos colegas, às quais muitos acrescentaram comentários engraçados. Assim, Lorenzo é chamado de *ponto de fuga delicado*, pela sutileza com que joga longe seus pensamentos, e Mattia, de *tempestade de fogo não fogo*, porque os colegas colheram, em seus raciocínios, o jogo de entrar sempre em contradição consigo mesmo. Erika é, naturalmente, *nuvem generosa*, pelo seu carácter doce e acolhedor, enquanto à reservada Ylenia é dado o nome de *sorriso de lua*. O animado e espirituoso Matteo é *pimentão brincalhão*, enquanto o agitadíssimo Simone só pode ser *ritmo de furacão*. À Greta, que nos surpreende cada vez mais, este ano, pela elevação e concretude de seus raciocínios, dão o nome de *rocha voadora*, o que me traz à mente uma pintura de Magritte usada como capa de um livro de Italo Calvino[33].

Para Marianna, que nunca deixa de raciocinar sobre as coisas, propõem o nome de *pensativa errante*, enquanto a imaginativa Valeria, ela também incessante em seus raciocínios, é nosso *rastro multicolorido*. À pequena Lara, dão o nome de *voz calma de cristal*, porque estamos todos apaixonados por seu jeito de cantar; ao Francesco, o nome de *amigável corredor*, pela sua capacidade de apaziguar, enquanto todo mundo reconhece em Fabio, ao mesmo tempo, uma forte tenacidade e algumas empinadas, chamando-o de *cavalo desembestado*. Francesca, capaz de intuições surpreendentes, é chamada *exploradora tenaz*, enquanto ao Valerio, que

33 Italo Calvino, *Le città invisibili*, Ed. Einaudi, 1972 — Ilustração da capa: René Magritte, *O Castelo dos Pirineus*, 1959.

frequentemente é inatingível, decidem dar o belo nome de *mundo sem fim*. A grande elucubradora Irene é chamada *espiral infinita*, e, finalmente, Luca, que chegou a nós este ano e, portanto, ainda é desconhecido pelo grupo, todos juntos decidem chamá-lo de *planeta inexplorado*.

Enquanto penso nos comentários deles e transcrevo esses apelidos, tão precisos em delinear as peculiaridades de cada um, penso quão pobres muitas vezes são as observações sistemáticas que nós, professores, somos justamente convidados a escrever sobre nossos alunos. James Hillman, que escreveu livros importantes sobre a questão do caráter[34], afirma que perdemos *a linguagem de Vênus*. Ele se refere às palavras usadas por psicólogos e psicanalistas para descrever os *casos* de que tratam em seu trabalho, mas acho que também na escola, se quisermos realmente tentar entender um pouco melhor quem temos diante de nós, devemos tomar bastante cuidado com a linguagem que usamos. Frequentemente, portanto, a cinzenta repetitividade burocrática com a qual, arbitrariamente e em faixas homogêneas, avaliamos, classificamos e agrupamos meninas e meninos revela uma preguiça mental e uma dificuldade cultural que a gente tem em colher, dar fôlego e narrar os diferentes caráteres de meninas e meninos com quem passamos tantas horas.

No final das leituras, eis a discussão que surge.

VOCÊ TEM QUE PERSEGUIR SEU CARÁTER

FRANCO: *Cada um de vocês tem observado por duas semanas um colega e escrito o que descobriu sobre ele ou ela. Lemos esses comentários, e a pergunta que lhes faço é: podemos chegar a realmente*

---

34 James Hillman, *Il codice dell'anima*, Adelphi, Milano, 1997. (NdA) — James Hillman, *O código do ser*, Editora Objetiva, Rio de Janeiro, 1997. (NdT)

conhecer a nós mesmos, saber quem somos?

VALERIA: Como é que você faz para averiguar que você é realmente você mesma? Se você de fato se comporta do jeito que você é? Você não o sabe; se você quer se descobrir, não sabe como tem que se comportar...

MARIANNA: Eu acho quase impossível conhecer a mim mesma, saber que sou eu mesma, que me conheço. Na minha opinião, é impossível ter certeza de que conheço a mim mesma completamente, porque, de qualquer forma, você mesmo não é sempre igual, continua, continua, continua...

LORENZO: Pode ser que você faça sempre coisas diferentes, como a Marianna falou, mas pode ser que, às vezes, você repita as mesmas coisas. Talvez só um pouco, mas as repete.

FRANCO: *Como você se sente quando ouve alguém dizendo algo sobre você?*

FRANCESCO: Quando você é observado, é bom... mas, quando aquele que observou lê as coisas sobre você, você fica um pouco tímido. Quem observa repete algumas coisas, não é como se você fizesse sempre coisas diferentes.

FRANCESCA: Hoje, lemos os livretos que cada um escreveu sobre um colega, nossas observações. Quando Matteo leu a observação que falava de mim, ouvi coisas que já sabia.

FRANCO: *E você gostou de ouvir as coisas que já sabia?*

FRANCESCA: Talvez você se conheça quando muda de humor... Se você descobriu que o seu eu está agitado, o humor vai mudar: vai ficar ainda mais agitado.

VALERIA: Mas pode ser que o seu eu não esteja agitado. Pra mim, é impossível você realmente descobrir o seu próprio caráter, porque você diz "*quero descobri-lo*", mas depois muda, e aquele não é seu caráter de verdade.

MARIANNA: O caráter continua. Você não pode descobrir o seu caráter, porque não é que ele para em um ponto e é o mesmo pra vida toda. Não, ele continua. Você tem que perseguir o caráter.

SIMONE: Tipo a lua com a Terra.

MARIANNA: Você tem que perseguir o seu caráter, correr mais rápido que o caráter, mas é impossível.

VALERIA: Você quer pegá-lo, mas ele foge. Você corre, corre, corre, mas não consegue alcançá-lo.

MARIANNA: É como a história de Aquiles e a tartaruga. O caráter é a tartaruga, e você tem que superá-la, tem que ir no encalço dela, mas nunca vai conseguir.

SIMONE: Pra mim, a Marianna tem razão, porque a vida é um pouco estranha. Quando alguém é menorzinho, o caráter é mais ou menos sempre o mesmo; depois, quando você se torna maior, ainda maior, vai rodando o mundo, conhece outras coisas, o seu caráter muda um pouco.

MARIANNA: Uma vez dentro dele, você tem que explorar, tem que conhecer. Não é que, só de entrar, você já entende.

VALERIO: Eu conheço a mim mesmo quando estou muito, muito calmo. Ou seja, quando estou muito calmo, eu me reconheço, porque eu sou muito calmo. Já quando estou agitado, não me reconheço mais.

FABIO: Quando estou com o Valerio, me sinto mais calmo; quando estou com o Simone e o Mattia, me sinto mais agitado.

VALERIA: O caráter é um ímã, mas fica se afastando cada vez mais.

FRANCESCO: Eu sou eu mesmo quando não estou agitado nem calmo. Pela metade. Quando estou um pouco agitado...

IRENE: Eu me conheço quando estou com o Francesco, o Matteo e o Simone e jogo futebol, ou quando estou com o Valerio e brinco com as Barbies.

MARIANNA: Então, depende daquilo de que você está brincando.

FRANCESCA: Eu me conheço quando estou bem com os outros.

CARTAS E ESPERAS

Federico Fellini alegava que, mesmo se tivesse filmado a história de uma água-viva, ainda assim estaria falando de si mesmo, e Fernando Pessoa, que buscou a sua arte na pluralidade dos poetas que viviam nele, escreveu: "Nunca desembarcamos de nós. Nunca chegamos a outrem, senão outrando-nos pela imaginação sensível de nós mesmos".[35]

Quando pesquisamos em torno da livre expressão, o jogo de espelhos que se cria não tem fim. Mas, se quisermos enriquecer as imagens com que narramos a nós mesmos e procuramos a duras penas tentar alcançar o outro, creio que seja importante frequentar a arte o máximo possível. De beleza, afinal, todos temos grande necessidade, e as crianças sabem alimentar-se do belo de maneira extraordinária.

Assim, para além da beleza natural de nossa paisagem, que procuramos encontrar e explorar a cada estação, fomos, no primeiro ano, ao pequeno Museu de Arte Moderna de Spoleto, onde participamos de uma oficina de criação de personagens em arame a partir da observação do maravilhoso circo criado pelo gênio de Alexander Calder. As crianças ficaram tão impressionadas com a simples eficácia desse artista tão próximo de sua sensibilidade que, na volta, decidimos construir nosso próprio circo de arame e pendurar, na sala de aula e no corredor, grandes móbiles coloridos com seus sóis e seus planetas, cujos leves movimentos nos acompanham há anos.

No segundo ano, fizemos um passeio com toda a escola a Capalbio[36], para passar um dia no incrível Jardim dos Tarôs criado por Niki de Saint Phalle, uma artista franco-americana de sensibilidade surrealista que construiu 22 grandes Arcanos Maiores de cores bri-

---

35 Fernando Pessoa, *Libro dell'inquietudine*, Einaudi, Torino, 2012. (NdA) — Fernando Pessoa, *Livro do Desassossego*, Ática, Lisboa, 1982. — 389. (NdT)

36 Município italiano da região da Toscana, na província de Grosseto, com cerca de 4.000 habitantes. (NdT)

lhantes entre as oliveiras da Toscana. Em algumas de suas esculturas, é possível entrar, e pode-se visitar o local onde ela viveu durante todo o período dessa singular criação: uma gigantesca Papisa de seios fartos, cujas paredes internas, inteiramente revestidas com mosaicos de espelhos, têm formas curvas como as singulares arquiteturas de Antoni Gaudí.

Uma vez de volta, criamos, na praça ao lado da igreja de Giove, 12 pequenos mosaicos com os signos do zodíaco para o nosso *apanha-sol*[37], um grande calendário solar com quatro metros de altura, que, com alunos de todas as turmas e a ajuda dos pais serralheiros e pedreiros, construímos no decorrer de vários anos. Em seguida, por sugestão das crianças, o prefeito mudou o nome da praça que abriga nosso monumento astronômico, rebatizando-a *Praça do Sol Calendário*[38].

No terceiro ano, fomos de trem a Florença para visitar a Academia e o Museu dos Uffizi, onde aconteceu nosso primeiro encontro com Rafael, e no quarto ano fomos a Roma para visitar duas mostras no Palácio das Exposições, uma dedicada aos homens primitivos, e a outra, a uma seleção da coleção Guggenheim proveniente de Nova York, para a qual nos preparamos brincando de imitar os gestos de Pollock, dançando e salpicando, com tintas acrílicas, quatro grandes lençóis, que depois penduramos nos corredores da nossa escola.

A convivência com a arte era, portanto, contínua, mas sei por experiência que, se você quiser ajudar crianças na observação de obras de arte, é muito importante, antes, propor atividades concretas que as auxiliem a pesquisar alguma coisa e se fazer perguntas; caso contrário, a visita a um museu pode não ser muito diferente de um distraído passeio ao shopping.

No quinto ano, como já disse, queríamos, junto da professora Cornelia, oferecer às crianças uma conclusão extraordinária de nos-

37 Termo criado pelas crianças. (NdT)

38 No original: *Piazza del Sole Calendario*. (NdT)

sos cinco anos, e alimentamos a expectativa de uma viagem distante, mantendo viva uma assídua correspondência entre as crianças de Giove e as da Lagoa de Veneza.

Na era da internet e do Facebook, eu e a minha colega ficamos observando admirados a emoção das crianças ao abrir o grande pacote cheio de cartas recebidas pelo correio de seus amigos que nos escrevem da ilha de Giudecca. A emoção e a excitação são amplificadas pela longa espera, que, às vezes, se prolonga por várias semanas.

Seja para aguardar uma pequena planta brotar de uma semente enterrada em um vaso ou para a chegada de uma carta que vem de longe, acho que seria um verdadeiro crime privar as crianças da experiência da espera. A espera é um sentimento que nos dilata o tempo, alimenta a profundidade das emoções e torna único um evento, diferenciando-o de qualquer outro. Muitas crianças da classe raramente tiveram a oportunidade de sair de sua aldeia, e é fácil imaginar o que poderia significar para eles esperar por uma viagem de três dias a Veneza.

NA CASA DE PEGGY GUGGENHEIM EM VENEZA

Uma coincidência nos ajuda a preparar a viagem. Minha filha Laura, que mora em Bolonha, namora há alguns anos um garoto veneziano, e em fevereiro fico sabendo que estão esperando um filho. Assim, nos meses em que cresce entre as crianças a febre da espera por essa viagem, estou prestes a me tornar parente próximo de Jacopo, que, veneziano da gema, aos 28 anos, ainda não tem carteira de motorista.

Acho graça nisso, e ele é muito gentil e prestativo. Vem visitar-nos na classe, e planejamos juntos uma caça ao tesouro que vai nos acompanhar em nossa exploração da cidade da água. Algumas semanas depois, me envia o catálogo do Museu Guggenheim de Veneza, que é aonde quero levar as crianças. Não tenho tempo para fazer belas fotocópias em cores dos principais quadros e assim, imitando o gesto de Nora Giacobini, que de impulso rasgou o *Banquete* de Platão para distribuí-lo aos garotos do colégio, eu também rasgo o belo catálogo que acabo de receber e espalho suas páginas no chão. Cada criança escolhe a reprodução da pintura de que mais gosta, a leva para casa, e peço que a observe com atenção e depois lhe dê um título. Assim, na tarde de nossa chegada a Veneza, na calçada em frente ao albergue que nos acolhe, cada criança mostra aos colegas o quadro escolhido, fala o título e brevemente conta o que a levou a escolher justamente aquele quadro.

Com Cornelia, mais uma vez somos surpreendidos pela incrível correspondência entre os quadros escolhidos e alguns traços de seus caráteres, que, após cinco anos, começamos a conhecer e reconhecer.

Fabio escolhe a cabra que voa com seu pastor em uma pintura de Chagall e a chama *Cabra louca*, enquanto Ylenia escolhe a distante nitidez de De Chirico, chamando a sua pintura de *Torre misteriosa*.

Mas o melhor momento o vivemos ao entrar no recolhido e belíssimo museu que ocupa a casa onde Peggy Guggenheim morou. As crianças correm excitadíssimas entre quartos e corredores em busca do *próprio* quadro. Sim, porque a simples ideia de escolher uma obra antes e dedicar-lhe olhares, atenção e pensamentos permitiu a cada um sentir que aquele quadro é exatamente o *seu*.

Mas, afinal, não é justamente isso que a arte pretende? Não aspira a tornar-se experiência capaz de transportar-nos para outro mundo, ampliando nosso entendimento e nossa percepção?

"Lutei com todas as minhas forças para encontrar o caminho, a técnica, para atrair o espectador para dentro do próprio quadro, para que se misture nele e dele tome parte", escrevia Kandinsky, quando terminou de pintar *Azul do céu*, acrescentando: "Quem olha deve penetrar no íntimo do quadro e participar dele".

É o que acontece com Valerio, que se identifica com a *Criança na janela*, pintada por Paul Klee, e com Francesco, que é arrebatado pela velocidade imortalizada por uma bicicleta futurista. Greta chama de *Sol escuro* a famosa pintura de Magritte, que junta, em volta de uma casa silenciosa, o dia e a noite, enquanto Mattia se sente *Peixe fora d'água* em um quadro surrealista de Dalí. Lorenzo dá o nome de *Formas encaixadas* às figuras de uma das muitas pinturas cubistas que Marianna, observando-as de perto, define *Pontiagudas*.

Vagando entre as paredes e as janelas com vista para o Grande Canal de Veneza, as crianças agora começam a procurar e escolher outras pinturas que percebem próximas delas, desta vez lendo os títulos que os autores lhes deram. Uma pintura cubista, intitulada *Janelas abertas simultaneamente*, atrai Francesca, que fica também impressionada pela presença de estátuas africanas colocadas perto dos grandes quadros de Picasso. "Os artistas que estavam revolucionando a arte do século passado foram muito atraídos pela arte africana", eu os informo. "Dá pra ver, porque, nestas pinturas, parece que copiaram deles", comenta Francesca, com inteligência.

Um quadro de Kandinsky é chamado por Erika *A estranheza das cores da matemática geométrica,* e todos ficam admirados por quanta geometria há na arte moderna.

Em frente a um grande quadro com dois rostos estilizados, Marianna diz que talvez Picasso o tenha chamado de *Estudo* porque os dois se entreolham.

No final, muitos de nós nos encontramos em volta da grande escultura em movimento criada por Calder para a cabeceira de cama da anfitriã.

Que seja Rafael ou Burri, o pôr do sol ou o voo dos pássaros, a leitura de Platão ou Roald Dahl ou as proporções entre os objetos e suas sombras descobertas por Tales, acredito que a escola deva sempre pôr a beleza como centro das atividades propostas às crianças.

Mas, para que se possa encontrar a beleza, é preciso, às vezes, realizar longas manobras de aproximação. É necessário fazer um pouco de vazio ao redor, procurando no silêncio a calma e a concentração capazes de abrir-nos à escuta. Acima de tudo, temos de encontrar e oferecer-nos todo o tempo necessário para não fazer as coisas com pressa e superficialidade. A escola, para mim, não deve imitar o que acontece na sociedade, mas operar por contraste, de forma crítica e concreta. Se todo mundo corre, tem que haver um lugar onde se possa andar devagar. Se a gente andar devagar, aumentam as chances de que *todos* cheguem, e talvez se abra a oportunidade de encontrar algo de uma maneira realmente profunda. Porque chegar a observar os movimentos de uma nuvem, ouvir uma história, achar com um gesto o traço e a cor para uma pintura ou escrever palavras sinceras e autênticas demanda tempo, muito tempo.

O RITMO DE UMA CANÇÃO

Em suas memórias[39], o grande diretor de teatro Peter Brook fala de uma forma muito crítica sobre a escola inglesa de sua época:

> "Os professores de desenho amedrontavam o olhar e tornavam a mão desajeitada; os de canto inibiam a voz; os professores da geografia tornavam o mundo uniforme e árido; os professores de religião fechavam o espírito ao deslumbramento; os de educação física faziam do movimento do corpo uma punição, em vez de uma alegria. A exceção era o Sr. Taylor, que ensinava música sem muito entusiasmo porque seu verdadeiro interesse era montar os recitais escolares. [...] Um dia, estava conversando com a gente quando, de repente, virou-se para mim e perguntou: "Por que o fator comum em todas as artes é o ritmo?". Eu agora percebo que, das milhares de palavras de crítica, encorajamento e orientação moral pronunciadas pelos meus professores, o que consigo lembrar é

39 Peter Brook, *I fili del tempo*, Feltrinelli, Milano, 2001. (NdA) — Peter Brook, *Fios do tempo*, São Paulo, 2000. (NdT)

> apenas essa única frase. É uma indagação que ainda me deixa intrigado, e, se isso for tudo o que me deixaram as muitas escolas que frequentei, então me considero bem recompensado. Ela tornou-me consciente de que os movimentos dos olhos que correm ante uma pintura ou as abóbadas e arcos de uma grande catedral estão ligados aos saltos e piruetas de um dançarino e à pulsação da música. O quesito é, então, inesgotável: o que é que dá a uma obra de arte o seu tempo, e o que é que, na vida, pode dar à sequência informe dos movimentos seu pulso e seu fluxo verdadeiros?".

O questionamento reproposto por Peter Brook vale mais que mil páginas de pedagogia. Talvez o ritmo seja o fator comum de todas as artes, mas não somente. O ritmo, a música e o canto, na minha experiência, são o âmbito mais adequado para experimentar a difícil transformação de uma classe de crianças em um grupo de pesquisa.

É cantando e ouvindo-nos cantar juntos que, aos poucos, vamos nos conhecendo e nos revelando uns aos outros, porque a voz que canta é nua, direta, desarmada. Justamente por esse motivo, cantar pode ser muito difícil para alguns. Mas eu sempre enxerguei na cantoria uma oportunidade de *construir comunidades* longe de palavras, raciocínios e atitudes que criam barreiras e desconfiança.

Não sei bem por quê, mas faz muitos anos que começo os dias na escola cantando com as crianças em idiomas por nós desconhecidos, que vêm da África, dos nativos da América ou dos nômades ciganos. Essas sonoridades e ritmos, que rapidamente se tornam memória compartilhada do grupo e, portanto, instrumento de mútua identificação, nos ajudam a despertar e nos envolver no que estamos fazendo. Uma espécie de *bom-dia* que permite a todos perceber o estado de saúde e coesão do grupo, em uma ação que se baseia na troca generosa de energia e alegria.

"A música é a única linguagem universal que nos resta após a queda da Torre de Babel", escreveu Walter Benjamin[40]. E já que, sob os escombros da torre, não existem apenas múltiplas diásporas de línguas e culturas, mas muitas outras diversidades que nos assustam e nos colocam uns contra os outros pelas mais diferentes razões, é muito importante encontrarmos juntos um ritmo e uma música capazes de nos unir e nos fazer viver, ainda que temporariamente, uma dimensão harmônica.

40 Walter Benjamin, *Angelus novus*, Einaudi, Torino, 1962. (NdA) — Walter Benjamin, *O anjo melancólico,* Angelus Novus, Coimbra, 2003. (NdT)

7

UMA EXPOSIÇÃO MATEMÁTICA

A correspondência com os filósofos continua, e em meados de março Lara responde a Eratóstenes com estas palavras: "Ontem você me escreveu uma frase muito bonita: 'Se os olhos são feitos para a astronomia, os ouvidos são feitos para escutar o canto'. Acho isso verdadeiro, porque eu também, na vida cotidiana, uso os olhos para a matemática e os ouvidos para o canto. Eu realmente gosto da harmonia, do canto e da dança. Eu sou a mais afinada, e a cada peça que a gente apresenta eu tenho o dom de cantar as canções compostas pela classe. A gente observa as constelações, e agora sei que você sabe muito sobre as estrelas. Você poderia contar mais coisas pra gente? Saudações, e lembre-se de mim. Lara".

Poucos dias depois, Lara recebe esta carta de Eratóstenes:

> Querida Lara,
> gostaria de lhe falar de uma grande empresa que estou tentando realizar, e queria apresentá-la a você da maneira que nós, gregos, preferimos: propondo-lhe um enigma que você vai tentar resolver junto de seus colegas.
>
> O rei Ptolomeu, filho do Ptolomeu que se tornou rei de Alexandria depois da morte de Alexandre, o Grande, fundador desta magnífica cidade, me pediu para calcular a circunferência da Terra. Você deve saber que eu, além de astrônomo, sou um grande geógrafo e elaborei o me-

lhor mapa do Mediterrâneo que já foi desenhado. Estou enviando-o com esta minha carta. Sabe, tenho a sorte de dirigir o nosso *Museu*, isto é, a imensa biblioteca de Alexandria, que contém papiros vindos do mundo inteiro.

Tenho, portanto, a grande sorte de poder consultar os estudos feitos por Tales e Anaximandro há mais de trezentos anos, escrevo minhas dúvidas para Arquimedes, discuto com Erixímaco... enfim, pertenço à mais bela escola que já existiu.

Eis, então, o enigma que eu queria que vocês, crianças de Giove, me ajudassem a desvendar.

Como você sabe, o sol está tão longe que seus raios chegam à Terra paralelos entre si.

Eu vi com meus próprios olhos que, em Syene (a cidade que vocês chamam Assuão), durante o solstício de verão, os raios chegam bem retilíneos em relação à Terra, tanto assim que poderiam enfiar-se em um poço profundo. Diz-se que, nesse dia, o sol está no zênite, e isso significa que, se você plantar um bastão perfeitamente vertical no chão, como fazia Tales, esse bastão, ao meio-dia, não produz sombra alguma. Por conseguinte, o ângulo bastão-raio de sol é igual a 0 grau.

Aqui em Alexandria, no mesmo dia, à mesma hora, medi a sombra de uma haste vertical plantada no chão e observei que o ângulo bastão-raio do sol é igual a 7,2 graus.

Você deve saber que Syene fica ao sul de Alexandria, e nós, no Egito, temos sorte, porque temos um grande rio que flui justamente do sul para o norte. Decidi, portanto, calcular a distância entre Alexandria e Syene.

Sabe como é que eu fiz isso? Nós, os gregos, amamos os Jogos Olímpicos. Observando os nossos atletas, percebi que seus passos, quando treinam para a maratona, são muito regulares. Contando e recontando, percebo que um bom atleta percorre um estádio com 150 passos. O estádio é a nossa unidade de medida, como são os metros para vocês. Disseram-me que 1 estádio = 157 metros.

Sabe como eu fiz para calcular a distância entre Alexandria e Syene? Fui viajar ao longo do Nilo e, com paciência, contei os passos do meu amigo atleta. Ele corria às margens do Nilo, e eu contava seus passos do barco. Demorou muitas semanas, mas finalmente calculamos que a distância entre Alexandria e Syene é de 5.000 estádios.

Agora conheço a distância entre Alexandria e Syene: 5.000 estádios.

Conheço o ângulo bastão-raio do sol em Syene (0°) e o ângulo bastão-raio de sol em Alexandria (7,2°).

Conheço, também, o teorema de Tales sobre os ângulos que uma linha reta oblíqua forma quando encontra duas linhas paralelas. Como lembrete, lhe faço aqui um desenho.

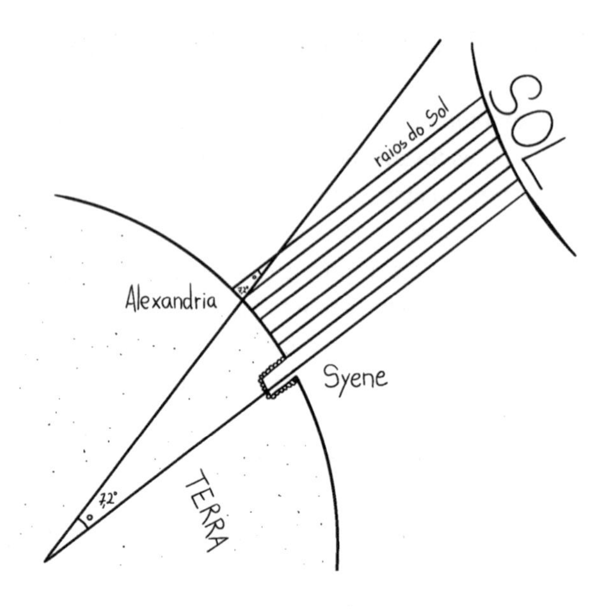

Cheguei até esse ponto. Você acha que posso calcular quanto mede a circunferência inteira da Terra, isto é, o comprimento do meridiano? Tente discutir a respeito com seus amigos em Giove e depois me escreva. Sei que vocês são muito bons com os mapas-múndi e os ângulos, e preciso da sua ajuda para continuar. Responda-me quantos estádios mede o meridiano da Terra, que estou curioso por sabê-lo. Ou, na sua língua e com suas medidas: quantos quilômetros de comprimento tem?

Responda-me assim que puder,
Seu amigo

ERATÓSTENES

CAMINHANDO A PÉ COM ERATÓSTENES

Lara lê a carta para a classe, e, já que não é tão fácil entender a tarefa que nos foi confiada pelo grande geógrafo de Alexandria, decidimos fazer quatro fotocópias desse texto e trabalhar com ele em pequenos grupos.

Para começar a dar mais corpo à exposição matemática que decidimos realizar no final do ano, de duas semanas para cá, dividi a turma em 4 grupos de 4 crianças cada, dando-lhes os nomes dos matemáticos antigos cujas descobertas estamos tentando entender com que materiais expor.

A carta recebida por Lara é entregue, então, aos grupos, que agora têm os nomes de *Tales*, *Anaximandro*, *Pitágoras* e *Arquimedes*. Cada grupo é composto por dois meninos e duas meninas, porque a nossa classe é particularmente simétrica, e os do grupo *Tales* ficam felizes em constatar que é graças à descoberta de seu amigo de Mileto que Eratóstenes deu o primeiro passo para resolver o seu enigma.

No desenho que enviou para Lara, pois, o ângulo que o raio de sol faz com o bastão plantado em Alexandria (7,2°) é o mesmo que se forma no centro da Terra, se formos desenhar os dois raios que vão desde o centro da Terra até Syene e Alexandria. E é de lá que parte o grupo *Arquimedes*. De fato, depois de ter preenchido várias folhas com diagramas e arriscado cálculos, às vezes estapafúrdios, Matteo anuncia exultante que o grupo *Arquimedes* encontrou a solução.

Enquanto os outros continuam trabalhando, percebo que realmente Valeria, Francesca, Fabio e Matteo descobriram que precisam fazer uma proporção. A circunferência da Terra, pois, corresponde a um ângulo de 360 graus, enquanto o trecho de meridiano que liga Alexandria a Syene corresponde a 7,2 graus. Agora, se sabemos qual é a distância entre as duas cidades egípcias, podemos calcular o círculo completo traçado pelo meridiano, descobrindo quantas vezes temos de cobrir a distância entre Syene e Alexandria para conseguir percorrer a circunferência da Terra por completo.

Valeria, junto dos colegas do grupo, intui que, para descobrir o comprimento do círculo meridiano, é preciso fazer uma proporção: 7,2 graus estão para 360 graus assim como 5.000 estádios estão para o comprimento do meridiano que queremos encontrar. Parece que Eratóstenes usou o teorema que demonstra a igualdade entre os ângulos formados por um segmento que cruza duas linhas paralelas, descoberto por Tales. E assim todo mundo começa a trabalhar, pois o enigma os intriga. O mapa-múndi, afinal, é um objeto sempre presente em sala de aula desde o terceiro ano, em volta do qual temos raciocinado abundantemente sobre a linha que separa o dia da noite e as diferentes maneiras com que os raios do sol atingem, nas diferentes estações, o planeta azul suspenso no céu que a gente habita.[41]

Para eles, portanto, não é tão difícil raciocinar sobre as inclinações do sol e os ângulos que produzem diferentes sombras, porque são elementos que temos observado muito a partir dos jogos com suas sombras, feitos no segundo ano, e da observação de como entra o sol na sala de aula em diferentes momentos e épocas do ano, feitos no quarto ano, até a construção do *talesômetro*, realizada no outono deste ano.

Acho graça em observar a corrida frenética dos quatro grupos rumo à solução, apesar de saber que há alguém que puxa e alguém que segue e que vai levar algum tempo para que todos, mais tarde, compreendam plenamente o resultado das descobertas dos mais rápidos.

Afinal, é precisamente nisso que está o valor e o significado de trabalhar na construção de uma exposição matemática. Não se trata tanto de mostrar um resultado alcançado para ficarmos bem na fita com os colegas, os pais ou outros adultos, mas de tomarmos

---

41 Existe um jeito particular de posicionar o mapa-múndi, com o eixo paralelo ao eixo da Terra, que permite raciocinar sobre as horas e as estações de maneira simples e concreta. Quem quiser saber mais a respeito pode entrar em contato com o *Movimento pela Libertação dos Mapas-múndi*, promovido por Nicoletta Lanciano. (NdA)

todo o tempo necessário para voltar repetidas vezes sobre o percurso feito e o processo de conhecimento efetuado, perguntando-nos a cada passo: "Eu realmente entendi?". E, quando se trabalha em grupo: "Você realmente entendeu?".

Se temos um objetivo comum, se temos que construir juntos materiais para uma exposição que seja compreensível a terceiros, fica mais evidente a todos que é necessário compartilhar cada passo e passagem de nossos procedimentos.

Não apreendo bem um conteúdo, portanto, se responder às perguntas de quem o ensinou para mim repetindo suas palavras, mas apenas se tiver o tempo e a oportunidade de construir *uma maneira minha* de contar e expor o que compreendi. Se eu tiver a oportunidade de explicá-lo para aqueles que não são familiarizados com o assunto, serei motivado a mobilizar ao máximo todas as minhas energias e habilidades para conseguir alcançar aquele que não sabe.

É ensinando que a gente aprende. E aprende-se melhor ensinando aos colegas que encontram dificuldades diferentes das nossas, ensinando a outras pessoas com as exposições matemáticas ou em outros momentos de confronto.

Se precisamos mostrar e explicar aos cidadãos de Giove como Eratóstenes trabalhou, devemos fazê-lo mostrando como a gente tem trabalhado. É na busca pela melhor maneira de explicar Eratóstenes para aqueles que não têm a menor ideia de suas descobertas que chegamos a perguntar a nós mesmos com sinceridade: Quem foi Eratóstenes? O que ele descobriu? Que elementos foi capaz de juntar e reutilizar para chegar a calcular uma medida tão grande quanto a circunferência da Terra, numa época em que não havia aviões para observar o nosso planeta do alto e nem longas estradas retas ou instrumentos para registrar velocidade e distâncias?

O propósito de narrar Eratóstenes para os habitantes de Giove se torna, então, um *empenho coletivo*, em que todos — inclusive eu — temos de mobilizar os nossos melhores recursos e aproveitar as sugestões e as intuições de cada um, porque não é uma tarefa fácil e, acima de tudo, porque nenhum de nós o fez antes. Por isso, ninguém sabe de antemão como vamos conseguir fazê-lo.

Meu amigo Guido Armellini, um professor que há muitos anos discute com agudeza as questões pedagógicas, insiste muito na diferença entre *perguntas legítimas* e *perguntas ilegítimas*. Legítima é aquela pergunta da qual não se sabe a resposta. Ilegítima é a pergunta formulada apenas para verificar se o inquirido sabe dizer aquilo que quem pergunta já conhece.

As crianças são extremamente sensíveis a essa diferença, e toda vez que sentem que estão diante de perguntas para as quais entendem que ninguém sabe a resposta, mobilizam suas energias mais frescas e vivas. Acontece quando discutimos questões de longo alcance, como fizemos tantas vezes este ano, e acontece agora, que temos a necessidade concreta de entender como contar a descoberta de Eratóstenes.

Mas vamos voltar um pouco no processo. O grupo *Arquimedes* descobriu, fazendo os cálculos, que o meridiano é 50 vezes maior do que o trecho Syene–Alexandria, porque 360°÷ 7,2° = 50. Se Eratóstenes, observando o seu atleta correr, tinha calculado que a distância entre as duas cidades era de 5.000 estádios, a equipe deduziu e calculou que o meridiano da Terra medirá, então, 250.000 estádios.

Existem várias hipóteses sobre a quantidade de metros correspondentes a um estádio. Eratóstenes, em sua carta paradoxal, sugere para Lara considerar que o estádio corresponde a 157 dos nossos metros. O grupo *Arquimedes* calcula, portanto, que 250.000 estádios x 157 = 39.250.000 metros, ou seja, 39.250 quilômetros.

Três grupos entre quatro, em pouco menos de uma hora, arriscando hipóteses, desenhando, preenchendo folhas de cálculos e construindo modelos, descobriram o que Eratóstenes estava nos pedindo.

No fim, ficamos todos sem palavras quando descobrimos que os cálculos feitos com os mais modernos instrumentos, 2.300 anos depois, nos dizem que o meridiano da terra mede 40.008 km. Então, Eratóstenes, com o seu atleta e a longa viagem de barco pelo Nilo, foi capaz de calcular a extensão do meridiano da Terra com surpreendente aproximação.

Cabe à gente, agora, a tarefa mais difícil: deixar claras, compreensíveis e duradouras para todos os meninos e meninas da classe as diferentes etapas dessa descoberta geográfica emocionante, obtida com os instrumentos da astronomia e da matemática de 23 séculos atrás.

Com Lara, Simone, Lorenzo e Greta, que, a partir de hoje, decidiram chamar seu grupo com o nome duplo de *Anaximandro* e *Eratóstenes*, construímos um modelo capaz de tornar claro o raciocínio do grande geógrafo de Alexandria. Colamos um disco de madeira numa grande chapa de compensado, de onde, no canto superior direito, sobressai a porção de um enorme sol. Do sol, sai um feixe de raios paralelos, que Lara propôs representar com elásticos amarelos, que chegam até o disco da Terra. Do centro da Terra, saem duas varetas longas e finas, daquelas geralmente usadas como espetos. Um dos dois espetos — aquele que, na superfície, encontra a cidade de Syene — é paralelo aos elásticos amarelos que representam os raios do sol; o outro — que, no centro, forma com o primeiro um ângulo de 7,2 graus — cruza, na circunferência, a cidade de Alexandria. Dá para ver claramente naquele ponto que o raio do sol que atinge a ponta do nosso espeto-gnômon plantado em Alexandria forma um ângulo de 7,2 graus, exatamente igual ao ângulo que formam os dois espetos no centro da Terra.

Olhando para essa montagem, que a duras penas nossos quatro montaram com parafusos, elásticos, discos de madeira e espetos, mostra-se evidente o que Eratóstenes tinha visto *com os olhos da mente*, já que não podia partir em dois a esfera terrestre e alcançar o centro. Mas a geometria não é justamente isso? Aprender a olhar com os *olhos da mente* e raciocinar em torno de olhares abstratos, dando-lhes eficácia e concretude?

Emma Castelnuovo frisou repetidas vezes que os materiais são fundamentais para ensinar a geometria a *todos*, porque ensinam a *raciocinar perfeitamente sobre figuras imperfeitas*. Lara, Simone, Lorenzo e Greta procuraram construir um modelo para esclarecer suas ideias e ensiná-las e fazê-las entender a todos.

Nas semanas seguintes, Simone tenta representar essa descoberta também com um modelo tridimensional, cortando pela metade uma grande bola de isopor sobre cuja superfície Lorenzo, Greta e Lara desenharam o famoso mapa de Eratóstenes, nas exatas proporções em que se encontra na esfera terrestre.

Assim, durante a exposição matemática, quando Simone fez o gesto de abrir em dois a Terra revelando o ângulo que se forma no centro, eu tive, por um instante, a sensação de entrar na cabeça de Eratóstenes, no momento em que ele teve a intuição de como calcular o tamanho de nosso planeta.

As crianças estão tão empolgadas com essa descoberta que, a todo custo, querem colocar na peça teatral do fim de ano uma cena em que alguns deles se transformam em maratonistas, e Lara, que encarna Eratóstenes, começa a contar a regularidade dos passos deles, narrando a sua descoberta.

Erika, que interpreta Neleu, observando essa maratona interminável, exclama: "Eratóstenes contou os passos de um atleta que andou 800 km a pé, percorrendo aos poucos a distância entre Nápoles e Milão".

"E quanto demorou?", pergunta Simone, que interpreta o papel de Teofrasto.

"Meses inteiros e estações, minha gente", replica Erika.

E nesse ponto Simone, extenuado por essa corrida que já leva meses, junto de todos os atletas exclama: "Então é verdade. Esses gregos são mesmo loucos!".

Todas as crianças, então, se jogam exaustas no chão, gritando: "Esses gregos são loucos!".

FABIO, A BALANÇA DE ARQUIMEDES E UMA HIPÉRBOLE NA VIDA REAL

Iniciamos a construção dos materiais ainda antes de definir os quatro grupos, desde quando começamos a trabalhar em torno de Tales e Pitágoras, em outono. Mas agora, toda vez que vamos para o quartinho que todas as classes usam como oficina de pintura e que, nas últimas semanas, transformamos em laboratório de carpintaria matemática, percebo como Fabio fica cada vez mais empolgado serrando madeiras e tentando colocar em equilíbrio o longo braço de uma ferramenta precária que começamos a chamar *a balança de Arquimedes*. Fabio experimenta, põe e tira os pesos que construímos, se diverte. Seu espírito prático e sua habilidade em usar nossa pequena serra elétrica parecem compensá-lo das muitas horas em que sofreu não sendo capaz de resolver esses mesmos cálculos e problemas como os colegas. Mais uma vez, as mãos se mostram mais democráticas que a cabeça, ou pelo menos permitem que algumas crianças experimentem um outro lado do jogo, quebrando papéis e hierarquias que, muitas vezes, se consolidam e se cristalizam na escola.

É assim que, ao dividirmos as responsabilidades, não tenho dúvidas em propor Fabio para o grupo *Arquimedes*, junto de Francesca, Valeria e Matteo. Para mostrar a relação inversa que existe entre o comprimento do braço da balança e o número de pesos que penduramos, recortamos na madeira vários retângulos que têm a mesma área, pintando-os com diferentes tons de vermelho. Uma vez que a unidade de medida que marcamos nos braços da balança é idêntica ao comprimento dos pesos, construídos com parafusos olhais[42] colocados nas extremidades de chumbos para pesca que encontrei na loja de ferragens, podemos desenhar, em um grande painel colocado

42 Tipo de parafuso com uma das extremidades em forma de anel que serve para elevação de carga. (NdT)

atrás da balança, um diagrama quadriculado onde começamos a *ver* os retângulos que são formados, cujas bases são constituídas pelo comprimento do braço da balança, e as alturas, pelo número de pesos que penduramos.

As crianças, testando repetidas vezes as condições de equilíbrio da nossa instável balança, descobrem rapidamente que quanto maior a distância do fulcro, menor será o número de pesos necessários para estabelecer o equilíbrio. Utilizando, assim, um material desenvolvido e proposto para o ensino médio por Emma Castelnuovo, todos descobrem facilmente que 1 peso, colocado a uma distância 9 do fulcro, é capaz de levantar 9 pesos colocados a uma distância 1.

Eis que "Dê-me um ponto de apoio, e moverei o mundo", a famosa frase atribuída a Arquimedes, finalmente se torna compreensível para as crianças, que descobrem, também, uma regra matemática: 9x1 é, de fato, igual ao resultado de 1x9. E é observando como Fabio dispõe os pesos na balança que Valeria e Francesca vêm a descobrir uma outra importante regra matemática. Para alcançar o equilíbrio na nossa balança, é necessário que o produto entre o número dos pesos e o comprimento de um braço seja igual ao produto do número dos pesos multiplicado pelo comprimento do outro braço. Isto é, se eu colocar 3 pesos a uma distância de 4, posso encontrar o equilíbrio se, do outro lado, for colocar 2 pesos a uma distância de 6, porque tanto 3x4 como 2x6 dão como resultado 12.

Matteo e Fabio podem, então, dar início a uma nova construção. Desenham e recortam no compensado 6 retângulos com área 12. Depois, ordenando-os todos juntos e sobrepostos, com dois lados *apoiados* nos eixos cartesianos, eis que os vértices *livres* dos retângulos 1x12, 2x6, 3x4, 4x3, 6x2 e 12x1 desenham uma hipérbole.

Não seria coisa para o ensino primário razoar sobre a hipérbole, mas por que não dar às crianças a oportunidade de *ver* uma curva tão bonita, que nasce colocando retângulos equivalentes um sobre o outro? Pode-se observar, ainda, por contraste, o que acontece quando, com um barbante, tentamos dar forma no plano cartesiano a todos os retângulos que têm o mesmo perímetro. Após Fabio e Matteo terminarem de apertar os parafusos que puxam de diferentes maneiras o mesmo barbante, percebem que, de fato, os vértices *livres* dos retângulos apoiados num plano cartesiano, que têm o mesmo perímetro, se dispõem todos em uma linha reta. Aqui está uma boa maneira de observar, raciocinar e distinguir as áreas dos perímetros, que, muitas vezes, crianças e jovens confundem, e não só eles, porque é desde o tempo de Galileu que se fala sobre essa dificuldade.

No final, a mostra foi chamada de *A beleza da matemática antiga*, e a dedicamos a Emma Castelnuovo, que, naquele ano, comemoraria 100 anos. E é novamente a ela que devemos a sugestão para o experimento que mais impressiona as crianças.

Matteo e Francesca, de fato, disputam em cada oportunidade a apresentação da *hipérbole na natureza*, porque sabem o tanto que surpreende os visitantes. Trata-se de duas placas de vidro colocadas uma ao lado da outra e apoiadas verticalmente em uma bacia, de forma que as suas bases fiquem submersas em água colorida. Ao longo de um lado vertical, as duas placas estão coladas, seguradas por dois prendedores, enquanto, ao longo do outro lado vertical, são ligeiramente espaçadas por duas pontas de palitos de dentes.

À medida que Francesca submerge a base dos dois vidros na bacia, pelo lado em que os vidros são mantidos apertados pelos prendedores, o líquido começa a subir verticalmente, enquanto, no lado em que os vidros são espaçados pelos palitos, o líquido mal sobe. Tratando-se de capilaridade, a amplitude dos vasos é inversamente proporcional à subida da água colorida, que forma, assim, uma perfeita hipérbole líquida no interstício entre os dois vidros.

Devo ter observado, ao longo dos anos, centenas de crianças assistirem a esse experimento, e a exclamação mais frequente é sempre: "Então a matemática é *real*, porque podemos encontrá-la também na natureza!". Ao repropô-lo, todas as vezes espero render a Emma Castelnuovo[43], de quem tiro inspirações contínuas para o meu trabalho na escola, a homenagem que merece.

Ainda hoje, quando observo os raios de sol entrarem pelas janelas de nossa classe projetando-se ao chão, não posso deixar de pensar que aqueles quadriláteros de luz em contínuo movimento contam as propriedades das afinidades. Sim, porque Emma, antes mesmo de fazer-nos estudar a geometria, nos mostrava suas transformações, entregando-nos um barbante para que as tocássemos com a mão. E era ajeitando-o com os dedos que devíamos perguntar-nos se os diferentes retângulos com o mesmo perímetro, que vínhamos criando, tinham, também, a mesma área. Eis como compareciam entre nós, com a ajuda de um simples barbante, dois elementos-chave do seu ensino: o *caso-limite* e o *raciocínio por absurdo*. De fato, se eu for encurtar aos poucos os lados da altura até chegar a zero, terei um retângulo com área zero. E é esse *não retângulo* a que cheguei que me ajuda a compreender as transformações das áreas em retângulos isoperimétricos.

Raciocinar por absurdo leva, então, a resultados concretos. Afinal, não foi *raciocinando por absurdo*, de certa forma, que Gandhi imaginou derrotar o Império Britânico com a não violência, e Mandela, construir uma nação junto de seus antigos algozes? A matemática é muito mais próxima de nós do que pensamos, inclusive como modalidade de pensamento racional capaz de imaginar o que ainda não é visível.

A relação entre matemática e realidade sempre foi o estandarte das batalhas de Emma Castelnuovo, mas dá um pouco de tristeza reler o que ela escrevia em 1949, no prefácio de seu primeiro livro, escrito após apenas quatro anos de ensino, que revolucionou pela

---

43 Emma Castelnuovo, *L'officina matematica*, La Meridiana, Molfetta 2008. De Emma Castelnuovo, ainda estão disponíveis, embora quase clandestinos na escola, os seis magníficos volumes que compõem seu texto para o ensino médio intitulado *La matematica*, publicado por La Nuova Italia, RCS Libri spa, Milão, 2005, do qual Emma Castelnuovo, já com 90 anos de idade, quis curar uma nova edição de grande qualidade. (NdA)

raiz a ideia de como ensinar a matemática às crianças. No começo de *A geometria intuitiva*, ela escreveu: "O objetivo principal é estimular, através da observação de fatos relacionados à técnica, à arte e à natureza, o interesse do aluno para as propriedades básicas das figuras geométricas e, junto a isso, *o gosto e o entusiasmo pela indagação*. Esse gosto não pode nascer, eu acredito, senão *fazendo do aluno partícipe do trabalho criativo*. É preciso *animar a natural e instintiva curiosidade* que têm os meninos com idade entre 11 e 14 anos, acompanhando-os na descoberta das verdades matemáticas, transmitindo a ideia de que *o fizeram para seu próprio proveito* e, por outro lado, fazendo-os sentir progressivamente a necessidade de um raciocínio lógico".

Passaram-se mais de sessenta anos desde então e, no entanto, quão pouco ainda conseguimos despertar *o gosto e o entusiasmo pela indagação*, quão pouco damos às crianças a sensação de alimentar sua instintiva curiosidade e a ideia de que o que elas descobrem na escola é *para seu próprio proveito*.

8
TRÊS PASSOS PARA TRÁS

Embora tenha a ambição de dilatar o tempo, o ato educativo, tal como a dança, só vive no presente. Maio já chegou, estamos terminando as instalações para nossa exposição matemática, e o ano letivo está perto do fim. O tempo corre rápido, e me parece que não temos dias suficientes para dar forma adequada a tudo o que fizemos. Uma forma que possa sedimentar-se numa memória compartilhada.

Provavelmente, eu é que estou com medo de perder o que vimos tentando construir nestes cinco anos, ou talvez, mais simplesmente, eu tenha medo de perder *meus* dezesseis meninos. Por isso, acordo cedo e, antes do amanhecer, penso que tenho que fazer algo.

Começo a reordenar diálogos, textos e questões que tenho registrado e repassado às crianças em cada oportunidade durante estes anos e fico pensando e repensando qual poderia ser a forma mais adequada de devolver tudo junto para elas, de modo que possam, um dia, reencontrar essas produções.

A UTOPIA CONCRETA DE CELESTIN FREINET

O que nos falta ou atravanca o nosso caminho, às vezes, se revela como o mais valioso dos aliados.

De volta da Primeira Guerra Mundial, Celestin Freinet, jovem professor camponês do sul da França que tinha se tornado socialista em reação aos horrores experimentados nas trincheiras da guerra, teve um grave problema respiratório que o impedia de falar com fluência. Fervorosamente dedicado ao seu trabalho educacional, achou que tinha que inventar algo para poder trabalhar bem com crianças. Assim, de acordo com seu relato, foi da dificuldade de usar a palavra que surgiram ferramentas e novas técnicas didáticas que fizeram escola no mundo. Sim, porque o ardor revolucionário e a vontade do jovem Celestin de não poupar esforços na luta pelo direito à educação e à dignidade das crianças mais pobres levaram-no a fundar, nos anos 1930, uma internacional da cooperação educacional que, depois da Segunda Guerra Mundial, acarretou o desenvolvimento de grupos cooperativos de professores em muitos países de todo o mundo.

Em sua escola de Saint-Paul-de-Vence, fundada com sua esposa Elise e com o apoio das organizações operárias locais, fez da tipografia em sala de aula o pivô de suas *técnicas didáticas*. Ensinava para filhos de analfabetos, e era evidente, para ele, que imprimir com os tipos de uma tipografia de verdade as frases escritas pelas crianças em sala de aula não era apenas um meio genial para dar consistência física à composição de palavras e frases, mas tinha um significado simbólico de grande valor.

A mensagem era que as crianças camponesas tinham igual direito não só de aprender a ler, mas também de escrever e imprimir seus livros. Dessa forma, o livro, de símbolo de um poder e um conhecimento que vinham de cima e de longe, poderia se transformar em um instrumento capaz de reverter papéis e sustentar a emancipação dos oprimidos, a começar pelos mais novos.

As crianças tornavam-se, então, não só protagonistas de variadas experiências de encontro direto com o mundo, mas também autoras da narração dessas experiências, que eram escritas e impressas em livros por elas produzidos.

Nora Giacobini, que esteve pessoalmente em Vence, me falou várias vezes de Celestin Freinet. Do lugar, lembrava-se da natureza exuberante, do cheiro de alho e das crianças que brincavam de mergulhar nuas em uma lagoinha. Lembrava-se da simplicidade e liberdade que se respirava e do amor pela pintura e a arte encarnado por Elise, a esposa de Freinet, que tinha sido fortemente influenciada pelo seu conterrâneo Cézanne.

Nora foi uma das fundadoras do *movimento* que na Itália, no final dos anos cinquenta, se chamou inicialmente de Cooperativa da Tipografia na Escola e, em seguida, Movimento de Cooperação Educacional.

E foi lá, na sede romana do MCE, que eu a conheci, quando, em 1977, decidi ser professor de escola primária. Naqueles primeiros anos no bairro da Magliana, quando estava tentando aprender a ensinar, participar das oficinas do Movimento de Cooperação Educacional me ofereceu a oportunidade de conhecer professores e professoras que compartilhavam de uma forte paixão pela educação, e, acima de tudo, fiquei conhecendo um método de pesquisa que mudou profundamente meu jeito de ver as coisas.

NA ESCOLA DO MOVIMENTO DE COOPERAÇÃO EDUCACIONAL

Na primeira oficina de que participei, conduzida por Giorgio Testa, iniciamos lendo uma passagem em que Marco Aurélio narra sobre os mestres e ensinamentos que recebeu em sua vida. A partir desse estímulo, cada um de nós elaborou, em grandes folhas penduradas na parede, a sua própria lista de mestres e ensinamentos recebidos. Essa série de listas, que ficaram penduradas por um longo tempo, foi a base de uma pesquisa de dois anos, em que procuramos formular, a partir de histórias concretas, condições e características das relações educacionais que marcam e permanecem. Não se tratava apenas de refletir em torno de um tópico, portanto, e sim de abrir-se e revelar aos outros, com sinceridade, em que ponto estávamos, onde nos colocávamos, quais eram as perguntas abertas que cada um de nós se punha.

Esse método, em que o conhecimento e o autoconhecimento se entrelaçavam de modo constante, logo levou à criação de uma atmosfera entre a gente, em que o desejo de aprofundar os nós do educar crescia junto do desejo de trocar dádivas relacionadas ao que mais nos importava. Assim, numa dessas tardes de quarta-feira em que nos encontrávamos, chegou à salinha da rua Regina Margherita uma passagem do *Banquete* de Platão[44] de que ainda me lembro, porque a considero exemplar por sua maneira de destacar uma questão-chave com que qualquer um que se ponha à prova na educação se depara.

— Pois eu te falarei mais claramente, Sócrates, disse-me ela. Com efeito, todos os homens concebem, não só no corpo como também na alma, e quando chegam a certa idade, é dar à luz que deseja a nossa natureza. Mas ocorrer isso no que é inadequado é impossível. E o feio é inadequado a tudo o que é divino, enquanto o belo é adequado. (...) Por isso, quando do belo se aproxima, o que está em concepção acalma-se, e de júbilo transborda, e dá à luz e gera; quando, porém, é do feio que se aproxima, sombrio e aflito contrai-se, afasta-se, recolhe-se e não gera, mas, retendo o que concebeu, penosamente o carrega. Daí é que ao que está prenhe e já intumescido é grande o alvoroço que lhe vem à vista do belo, que de uma grande dor liberta o que está prenhe. É, com efeito, Sócrates, dizia-me ela, não do belo o amor, como pensas.

— Mas de que é, enfim?

— Da geração e da parturição no belo.

Todos anseiam por dar à luz, diz Diotima a Sócrates no *Banquete*, mas onde se encontra e como se constrói o *belo* que permite que nos alegremos e difundamos e procriemos? E, pelo contrário, como pode se deter o *feio*, que impede esse parto e provoca entristecimento, contração e pena em quem não tem a possibilidade de dar à luz o que sente vivo dentro?

---

44 Platone, *Simposio*, traduzione di Giorgio Colli, Adelphi, Milano, 1979. (NdA) — Platão, *O Banquete*, tradução de José Cavalcante de Souza, Abril, São Paulo, 1972. (NdT)

Discutimos por um bom tempo sobre esse fragmento, porque era óbvio que aquelas palavras tocavam o âmago de tudo o que estávamos buscando, e não conseguimos resistir à tentação de passar um fim de semana inteiro lendo todo o diálogo que Platão dedica ao eros e que eu, se fosse por mim, colocaria à base de qualquer curso de pedagogia.

Tomado pelo entusiasmo, além do grupo — que, brincando, a gente passou a chamar de *professores filósofos da quarta-feira* —, participei, também, do grupo do mito, liderado por Nora Giacobini, e de um grupo que se reunia à noite, uma vez por semana, em que os "anciãos" do Movimento se reuniam em torno de Alessandra Ginzburg. Junto das batalhas decisivas para a integração das crianças com deficiência na escola, Alessandra cultivava naqueles anos um interesse particular pelo pensamento infantil, interpretado à luz da "bi-lógica" de Ignácio Matte Blanco[45]. Dito de maneira muito sintética, consistia em identificar, no desenrolar do pensamento da criança pequena, estruturas próprias da lógica do inconsciente, que, naquela época, o psicanalista chileno andava investigando.

Quando cheguei a esse grupo da noite, o pessoal estava lendo há meses um ensaio de Lacan de difícil compreensão para mim, porém, as discussões que surgiam e o jeito com que todos se colocavam em jogo era tão envolvente e cheio de significado que suportei a fadiga do desconhecimento, bem recompensada em seguida, quando começamos a ler e *penetrar* algumas tragédias de Ésquilo e Sófocles.

Foi no grupo romano do MCE, então, que me deparei com os elementos em torno dos quais comecei a construir as ferramentas de trabalho do meu ofício como professor de escola primária: a escuta capaz de suspender o julgamento, a paixão pelo diálogo e a atenção ao contexto, aos quais se entrelaçou o amor pelo mito

---

45 Alessandra Ginzburg, *L'inconscio nella pratica educativa* (O inconsciente na prática educacional), Laboratorio di lettura e di scrittura del MCE, Roma, 1981. (NdA)

e pelos gregos, que ocupa uma parte tão grande na história que estou contando.

Encontrei, também, várias *técnicas didáticas*, entre as quais aquela, fundamental, de dar dignidade às crianças e devolver-lhes a beleza do que expressam e descobrem através de múltiplas formas e linguagens: cartazes, jornais, murais, pequenas publicações, mas também desenhos, grandes pinturas, dramatizações teatrais, a serem realizadas sempre no tempo necessário e com o máximo cuidado.

No entanto, para aprender a cuidar das expressões e palavras das crianças, nós partíamos de nós mesmos, imprimindo regularmente no mimeógrafo folhas editadas por uma *oficina de leitura e escrita*, que a gente, brincando, chamava de *casinha editorial*. A publicação regular de notas de trabalho, relatos de experiências ou resultados de pesquisas, como aquela sobre o rabisco[46], escritos por professores principiantes ou mais experientes, dava uma noção de cultura viva, da qual todos tinham o direito de participar ativamente e que estava sendo construída coletivamente. É isso o que, na escola, sempre me incentivou a publicar os textos das crianças, para que tivessem, aos seus próprios olhos, o maior valor possível.

IMPRIMIR UM LIVRO COM AS NOSSAS MÃOS

Em maio, decido, então, propor às crianças reunir em um livro[47] nossos cinco anos de questionamentos, reflexões e conversas em sala de aula, mas com uma questão em aberto: compor um livro teria ainda algum valor para crianças imersas em todo tipo de escri-

46 *Tutto il tempo che va via* (Todo o tempo que vai embora). Catálogo de uma exposição sobre o rabisco com a curadoria do grupo Jardim de Infância, Oficina de leitura e escrita do MCE, Roma, 1980. (NdA)

47 Franco Lorenzoni, *Una verità, non sicura però...* (Uma verdade, só que não muito certa...), Cenci Casa-Laboratorio-Serigrafia ELSE, Roma, 2013. (NdA)

ta virtual, capazes, desde pequenas, de escolher, numa tela, cores e fontes entre as mais rebuscadas para transcrever suas palavras?

Agora livres do peso do chumbo inventado por Gutenberg, que tanto apaixonava as crianças de Freinet, penso que preciso encontrar uma maneira de dar corpo e materialidade a essa nossa pequena última empreitada.

Ocorre-me que conheço uma cooperativa em Roma, surgida de uma escola de língua italiana para estrangeiros, onde jovens desempregados italianos e imigrantes tentam inventar um trabalho para si, imprimindo em serigrafia cartazes e refinadíssimas capas de livros infantis. Ligo para os amigos da cooperativa ELSE e decidimos, por sugestão deles, que o livro que estamos montando vai ser impresso em uma tipografia, mas eles estarão disponíveis para vir à escola uma manhã, para fazer as crianças imprimirem as capas de papelão à mão usando a serigrafia.

Optamos por colocar na capa o círculo aberto que contém uma espiral, que Matteo havia proposto como símbolo do momento de nossas discussões, e, após muitos ensaios com carvão, hidrocor e colagem, escolhemos o esboço feito por Luca, que rasgou um papelão preto dando-lhe a forma do nosso símbolo de diálogo.

No dia da impressão da capa, o entusiasmo está a mil. Os jovens da cooperativa, que nos trouxeram película de filme para recorte, outros materiais e a sua ajuda, ficam maravilhados com a seriedade e o empenho que as crianças colocam em pintar, imprimir e depois encadernar, colar e empacotar o que agora é, realmente, o *seu* livro.

Relendo em sala de aula os primeiros textos escritos cinco anos antes, que cada criança pacientemente voltou a digitar no computador, me vem à memória o primeiro ano.

Nós, professores, damos por certo que ir à escola é uma coisa normal, porque, por fim, quase todos se conformam. Mas as meninas e meninos que choram nos primeiros dias, olhando desconcertados para aquelas cadeiras e carteiras enfileiradas, que compõem uma arquitetura espacial rígida no tempo e sempre igual a si mesma, talvez devessem fazer-nos refletir mais.

Lembro-me da chegada de Enrico muitos anos atrás, uma criança pequenina com um rosto redondo, que, no primeiro dia de escola, não queria tirar o paletó e entrar na sala de aula. Nós, professoras e professores, tentávamos convencê-lo com atitudes gentis e até mesmo divertidas. Mas, enquanto estávamos falando-lhe das coisas boas que o esperavam, nos fulminou dizendo: "Tudo bem, me façam ficar aqui: o problema não é meu, é seu".

Enrico, com a sua determinada oposição preconceituosa, tinha colocado uma questão central. Quanto espaço conseguimos realmente criar para cada criança? Quanto tempo estamos dispostos a esperar para que ela encontre o sentido e a forma de chegar?

Há crianças que entram no primeiro dia, outras que levam semanas ou até meses para realmente ingressar na classe. Qual atenção é necessária para que se sintam em casa e encontrem a liberdade de ser, pelo menos em algum momento, totalmente elas mesmas?

Na minha experiência, as ações que mais ajudam a suavizar a dificultosa *queda* no mundo da escola são a brincadeira livre, o desenho e a roda dos contos. Desenhar é o jeito primário das crianças de ficarem sozinhas consigo mesmas, longe de julgamentos. Uma espécie de casulo criativo que as protege das performances escolares obrigatórias e permite a muitos entocar-se em seu próprio planeta. No que eu gosto de chamar de *roda narrativa*, ao contrário, vão se configurando gradualmente os confins do planeta que tentamos, aos poucos, construir junto e compartilhar, dando vida a uma pequena comunidade, por vezes difícil de construir.

É um momento bem delineado, embora não muito estruturado, no qual nos sentamos no chão em círculo e, aos poucos, aprendemos a ouvir. Há aqueles que falam muito, aqueles que se esquivam, aqueles que levam várias semanas até tomar a palavra, mas nos olhamos nos olhos e sabemos que estamos todos ali.

Algumas vezes, as palavras vêm dos sonhos tidos à noite ou

do que as crianças estão precisando dizer; outras vezes, de algum acontecimento extraordinário ou de lembranças simples e cotidianas; outras vezes ainda, de um estímulo fornecido pelo professor. Quando as palavras vêm dos sonhos, lugares misteriosos sem testemunhas, nem sequer o próprio narrador sabe se a invenção é diurna ou noturna, se o fluxo dos pensamentos é guiado por um timoneiro de primeira viagem ou se está totalmente à mercê das ondas que vêm do profundo.

Entre as tantas culturas que existem no mundo, acredito que exista, também, a *cultura infantil*. Uma cultura provisória por natureza, porque diz respeito ao nosso encontrar e pensar o mundo nos primeiros anos, mas que, de alguma forma, sobrevive em partes profundas da gente ao longo da vida inteira.

É uma cultura preciosa, porque próxima à origem das coisas e capaz de contínuo espanto.

As crianças confundem o detalhe com o todo, acreditam no inacreditável, não se sujeitam ao princípio da não contradição e, acima de tudo, se sentem *ilimitadas*, com as emoções positivas e negativas que isso implica.

Ilimitadas e *extrapoladoras de limites*, porque meninas e meninos têm uma maneira bem diferente da nossa de se relacionar com os limites. Os confins entre o mundo exterior e o mundo interior, entre o que está vivo e o que não é vivo, entre perceber e imaginar, não conhecem fronteiras armadas e passaportes, como para nós, adultos.

As crianças cruzam continuamente essas fronteiras e misturam mundos diferentes, porque se põem constantemente em jogo e *acreditam* nos jogos que fazem. As crianças, de fato, sabem acreditar e não acreditar em algo ao mesmo tempo, como acontece durante anos com a história do Papai Noel.

Essa *suspensão da incredulidade* é importante, porque está à base de toda arte e de toda possibilidade de gozar da arte. Na *suspensão da incredulidade*, ademais, se encontra a raiz da possibilidade de conhecermos e abrirmo-nos para outros mundos, e até mesmo a tendência, ainda mais importante, de não nos conformarmos com a condição do mundo.

Acho que jamais deveríamos esquecer que, no que se refere a essa *suspensão*, as crianças são nossos mestres. Mestres demasiadas vezes ignorados.

AS PRIMEIRAS PALAVRAS, ENTRE ORALIDADE E ESCRITA[48]

Transcrever os textos escritos aos seis anos deixa evidente o tanto que as crianças misturam continuamente a própria interioridade e o mundo que habitam sem se dar o trabalho de definir os limites da consciência. Manipulam e são manipuladas pelas palavras assim como todo mundo, mas sem a vergonha de nós, adultos, que, para dar voz sem enganos a tudo o que atravessa a nossa mente, temos que pagar um psicanalista ou ter a arte de James Joyce.

> Estou com calor
> cresço durmo como brinco
> sonho que me torno uma árvore
> uma cereja
> uma folha seca.

Assim responde Fabio verbalmente às perguntas que nos fazemos, depois de plantar uma semente na terra.

Enquanto Lorenzo, que já escreve, registra isto no papel:

48 Os poemas apresentados nesta seção são fruto da sensibilidade das crianças, que frequentemente se exprimem de maneira agramatical. Com a intenção de respeitar a abordagem do autor, a decisão da tradução foi de preservar ao máximo o modo anárquico que elas têm de escrever, sem pontuação e concordâncias, ainda que isso exija um esforço de compreensão um pouco maior por parte de quem lê. (NdT)

> Eu sonho que nasço e sonho que durmo
> e quando nasço vejo o sol
> e sonho que ando por aí e sonho que brinco
> e sonho que sou uma criança e sonho a grama
> e sonho as letras e as vogais
> e sonho os desenhos
> e sonho a rua e sonho as árvores
> e sonho uma árvore de cerejas
> e sonho as cores
> e sonho o vento.

Erika associa a visão ao movimento:

> Eu estou debaixo da terra
> e quando ouço os barulhos começo a me mexer
> começo a me ver.
> À medida que passam os dias
> a plantinha cresce.

Enquanto Irene passa de uma semente incerta à cereja que alimenta uma criança.

> Eu sou uma semente
> e se era uma semente vocês me davam pouca água
> porque depois eu não nascia mais
> e logo
> se vocês me davam água demais
> eu morria.
> Eu sonho tanto em ser uma árvore
> e farei muitas cerejas
> e pelo menos uma criança
> poderá colher as cerejas.

As crianças estão aprendendo pouco a pouco a escrever, e faço questão de que, ao lado dos necessários exercícios de treinamento, elas tenham espaços onde possam se expressar livremente. Espaços onde as suas frases possam manter os traços peculiares de seu pensamento, na delicada transição da oralidade para a escrita.

Mas, para fazê-lo, devem sentir-se livres e não ter medo algum de errar. Devem poder escrever as palavras no papel assim como elas vêm, na flutuante sequência de associações que as caracteriza, mesmo porque, lendo-as com cuidado, depois, revelam plenitude de significado e capacidade de aderir com precisão às coisas, raras em nós, adultos.

Ao transcrever esses seus primeiros textos, escritos com caligrafias incertas depois de poucos meses de escola, eu deixava inalterada a sequência das palavras, limitando-me a corrigir os inevitáveis erros ortográficos.

Transcrevia sempre essas suas composições, para depois encadernar, em pequenas brochuras fotocopiadas, os textos acompanhados por seus desenhos feitos com caneta hidrocor ou carvão. Cada criança reencontrava assim a página com suas primeiras palavras escritas em letras maiúsculas, que eu apenas dividia em parágrafos para ajudá-las a reler o que haviam escrito.

Relendo-as agora, na verdade, percebo que aquele meu dividir as transcrições em parágrafos não era apenas um suporte à leitura, mas uma tentativa de acompanhar o ritmo de suas palavras, tentando entrar em seus pensamentos.

Escrevi "entrar em seus pensamentos", e isso logo me faz pensar que estou exagerando, como frequentemente me acontece. Deveria corrigi-lo com "tentando me aproximar de seus pensamentos", que é mais correto, discreto e aceitável, mas não expressa minimamente a tensão e o desejo que as palavras das crianças suscitam em mim. Palavras preciosas, que gostaria de tratar sempre com o maior cuidado.

Para dar dignidade, beleza e forma inteligível ao pensamento infantil, acredito que precisemos de arte. Uma arte talvez semelhante à que tinham Giuseppe Pitrè ou Italo Calvino, quando se engajaram na empresa de dar forma e ritmo ao corpo infindável dos contos tradicionais, ou talvez parecida à experimentada por Freud, Jung e Groddeck, quando tentaram depositar na escrita a substância volátil dos sonhos que aflorava nas palavras de seus pacientes. O pensamento infantil se situa, pois, em uma zona fronteiriça entre oralidade e escrita, entre o inconsciente e a consciência.

Desde as primeiras semanas em que comecei a ensinar em Roma, no bairro da Magliana, como suplente num segundo ano de escola fundamental, o que mais me atraiu foi reparar como a linguagem infantil tomava forma nas vozes das crianças e nas suas intensas e incertas primeiras composições escritas. Quando eu era criança, na escola chamavam isso de *pensamentinhos*, com aquela insuportável empáfia que nós, adultos, temos quando olhamos para os pequenos como mulheres e homens ainda não totalmente formados.

Relendo suas palavras, escritas aos seis anos, tem-se a impressão de se estar lendo poesia, não porque digam coisas *bonitinhas* ou *curiosas*, como muitas vezes pensamos nós, adultos, mas porque respondem a uma necessidade concreta de encontro com o mundo e seus mistérios, porque se dirigem rumo ao desconhecido sem hesitação e proteções, sem envergonhar-se em falar de si mesmas.

Ouvir as palavras e ler os pensamentos das crianças foi, para mim, desde logo, a experiência mais emocionante que a escola me ofereceu. Parece-me, pois, que aquele curto-circuito que põe em ressonância o cosmos e a intimidade de cada um, de que as crianças são capazes, faz com que às vezes apareçam verdades surpreendentes e nos permite viajar de volta no tempo, rumo à nossa infância, e talvez até em direção à infância muito mais distante que nós, seres humanos, temos vivido neste nosso planeta.

Veja como Ylenia, de maneira exemplar, traz para a escrita o ritmo repetitivo da oralidade:

Parecia que eu cantava uma canção de ninar
parecia que eu estava brincando
parecia que eu estava no berço
parecia uma manhã em que eu cantava os pássaros
parecia que eu canto
parecia que o violão tocava bem baixinho
parecia quando você vai de bicicleta que tem buracos
quando a gente brinca de esconde-esconde a gente ri
quando você coloca a água no copo
quando cai uma maçã
quando você joga o peixe na água
quando a gente arrasta as cadeiras.

Ouvindo a sonoridade das frases de Ylenia, estou cada vez mais convencido de quanto é importante, nos processos de aprendizagem, manter vivos e coexistentes os sons da oralidade com os sinais da escrita. De quanto é importante, na relação educativa, saber olhar para frente e para trás ao mesmo tempo, abandonando a crença tola de que o que vem depois é melhor do que o que havia antes.

Entre os livros publicados por nossa *casinha editorial* do MCE romano, havia um sobre o rabisco. Fabio Guindani, animador daquela pesquisa, delineou hipóteses muito intrigantes sobre os processos mentais que acompanham as crianças em seus primeiros rabiscos, que são traços muito especiais, em que o espaço e o tempo ainda não se separaram para seguir caminhos diferentes. Quando uma criança rabisca, pois, se você ficar ao lado dela ouvindo o que diz, ela quase sempre conta uma história. Uma história em que as sequências não são desenhadas uma ao lado da outra, como em um *storyboard* cinematográfico, mas se sobrepõem umas às outras em círculos concêntricos e arabescos, que complementam e escondem as marcas anteriores, como nas estratificações arqueológicas de uma cidade.

Demora alguns anos de vida até que meninas e meninos comecem a delinear formas estáticas no espaço, desenhando imagens fixas como fotografias. E é desde o instante em que cumprem esse gesto que o tempo se afasta da folha — e terá que esperar a escrita para voltar a enredar-se com o espaço, no fluxo de palavras que narram histórias.

Acredito que, na mente, no entanto, continuemos a vida inteira arabescando rabiscos nas analogias que nutrem nossas livres associações. Se quisermos prestar atenção às muitas passagens delicadas que pontuam a infância, acho útil nunca esquecermos que o espaço do desenho e o tempo de escrita saíram ambos do ventre daquele rabisco originário onde tudo se mistura e ressoa.

NA BARRIGA DA MAMÃE

Lembro-me de uma tarde, no final do inverno do primeiro ano, em que ficamos rolando um bom tempo no chão. A capacidade de concentração das crianças tinha aumentado, e conseguimos ficar mais tempo em silêncio ouvindo os sons internos de nossos corpos.

Após algumas brincadeiras e movimentos no espaço, e depois de um longo relaxamento em silêncio e de olhos fechados, propus que escrevessem o que *lembravam* de quando estavam na barriga da mamãe. Eis aqui alguns de seus textos, que, quando fomos relê-los no quinto ano, fizeram questão de que fossem publicados no seu livro.

Quando estava na barriga da mamãe
balançava no balanço

Quando estava na barriga da mamãe
ouvia barulhos
e depois brincava com minha irmãzinha
eu não enxergo

porque estava escuro na barriga da mamãe
porque era noite
quando era de noite eu assistia à tevê
e via fora da janela a minha mãe
quando é de manhã
e embora fosse pequena eu ia para a escola
com as outras crianças
e quando estava na barriga da mamãe
balançava no balanço porque ia para o parquinho
e depois tinha os números chegavam até 10
e não via a hora de sair da barriga da mamãe
eu não podia falar porque não tinha dentinhos.

VALERIA

Dentro da barriga da mamãe
me sentia bem e me sentia enrolada

Quando estava na barriga da mamãe
me sentia toda enrolada
e ouvia os ruídos que tocam
e ouvia tantas músicas
dentro da barriga da minha mãe
que me sentia bem e me sentia enrolada
eu não queria sair da barriga da mamãe
eu me sentia bem dentro da barriga
eu fui dormir na barriga
lembro que eu era pequena
sonhava bolas e casas
tudo
sonhava que estava com meus irmãozinhos
eu nunca brincava porque não tinha brinquedos.

LARA

Quando estava na barriga da mamãe
sonhava com os peixes e o alfabeto

Quando estava na barriga da mamãe
eu via a água e nadava
quando dormia sonhava com tantas coisas
e gostava de estar na barriga
da barriga da mamãe
e sonhava também com peixes e sonhava o alfabeto
e sonhava também com o outono e o inverno
o verão e a primavera
e sonhava os números até 1000
e sonhava o fogo aceso e o calendário até 2009
e sonhava com os dias de 1 a 31 e com o mundo inteiro.

LORENZO

Quando estava na barriga da mamãe
me parecia que estava sempre fazendo aniversário

Quando estava na barriga da mamãe
parecia que eu estava nadando
eu via a água
me parecia que estava dormindo
me parecia que era grande
me parecia que estava em casa
me parecia que estava no escuro
me parecia que estava comendo
me parecia que estava lendo
me parecia que estava brincando
me parecia que estava andando para a escola
me parecia que estava andando de bicicleta
me parecia que estava vendo as nuvens

me parecia que estava desenhando
me parecia que estava cantando
me parecia que estava brincando no balanço
me parecia que estava falando os números
me parecia que estava dizendo mamãe
me parecia que estava sempre fazendo aniversário
me parecia que estava vendo as folhas.

ERIKA

Quando estava na barriga da mamãe
eu ficava com muito calor

Quando estava na barriga da mamãe eu ficava com
[muito calor
me sentia tão pequena engordei um pouco
Havia um fio que me alimentava
eu flutuava
parecia que estava ficando menor
mas não
estava me tornando maior
Eu esbarrava e empurrava mas não conseguia sair
estava muito emocionada em conseguir
como que um ar me empurra pra lá e pra cá
eu andava até de cabeça para baixo.

FRANCESCA

Quando estava na barriga da mamãe
eu ia a galope

Quando estava na barriga da mamãe
não queria fugir de dentro da barriga da mamãe

eu dentro da barriga dormia
e sonhei com os índios quando batem o tambor
senti que acariciava um cavalinho
e eu ia a galope
quando era pequeno na barriga da mamãe
quando a mamãe me fez fugir da barriga
depois mamãe
me levou rápido para casa.

FABIO

Estou saindo e vai me balançar o vento e o mar

Eu que estou na barriga da mamãe
estou saindo e vai me balançar o vento e o mar
a música vai me levar ao longo do rio
eu vou para dentro do berço e pela praia
o mar com as ondas e a neve branca
a neve parece uma flor recém-nascida
Aquele redondo que é?
é a barriga da mamãe
pouco a pouco estou crescendo
uma concha dá a memória do mar pra ela
todos nascemos
é bom nascer
a barriga da mamãe chama um amor.

MARIANNA

Valeria não vê a hora de sair, Fabio sonha que está galopando, Erika vê as nuvens e comemora sempre o aniversário, Lara brinca enrolada com seus irmãos, Lorenzo sonha com os peixes e o alfabeto, Marianna se perde na música do mar, Francesca esbarra, empurra e não consegue sair...

É impressionante quantos traços de seus caráteres essas suas primeiras palavras escritas revelavam; no entanto, no ritmo e no som que acompanhavam a *invenção* dessas memórias, havia, com certeza, muito mais coisas, e eu gostaria de saber entendê-las.

TODOS PESTES

Durante o primeiro ano, li com eles *Os Pestes*[49], hilariante livro de Roald Dahl. E, agora que me lembro, foi então que fizeram sua primeira aparição em classe as cartas escritas por sugestão de Roberta. Cartas misteriosas, escritas às crianças em folhas gordurosas e cheias de manchas de molho pelos dois briguentíssimos e bizarros cônjuges protagonistas da história. Cartas que levaram as crianças a procurá-los pelas ruas de Giove.

Vez e outra, alguém afirmava tê-los avistado ou ter encontrado vestígios de suas terríveis brincadeiras. E a história nos tomou tanto que, no final do ano, em uma quente manhã de maio, decidimos brincar de *pestes*. Na grama alta do jardim da escola, que deliberadamente tentamos manter em um estado o mais selvagem possível, meninas e meninos foram jogando uns nos outros farinha e lama até não poder mais, fizeram misturebas de todo tipo e as esparramaram nos rostos de seus colegas. Até mesmo um tanto de espaguete ao molho, que estava cozido além do ponto e eu havia levado dentro de uma panelona para brincar, foi parar entre os cabelos das crianças em sua brincadeira preferida e agora já proibida — a de entregar-se com alegria a toda nojeira possível. A manhã terminou dentro de uma caçamba de lixo vazia, onde um inocente senhor da aldeia, abrindo-a para jogar o lixo, encontrou sete crianças gritando e zombando dele.

---

49 Rohald Dahl, *Gli sporcelli*, Salani, Roma, 2004. (NdA) — Roald Dahl, *Os Pestes*, Editora 34, São Paulo, 1995. (NdT)

Sobre aquela brincadeira selvagem, assistindo a um vídeo filmado naquela manhã, voltamos a conversar no quarto ano, um dia em que estávamos refletindo sobre as experiências que nos levaram a fazer teatro.

FRANCO: *Na sua opinião, brincar de* pestes *tinha algo a ver com o teatro?*
LARA: Eu acho que o que fizemos no primeiro ano tinha a ver com o teatro, porque lemos um livro e depois representamos os papéis.
VALERIA: Lemos um livro e o encenamos sem qualquer preocupação.
FRANCESCA: Só que não ensaiamos.
SIMONE: Fizemos os personagens saírem do livro.
VALERIA: Quem nos via pensava que éramos todos *pestes*. Foi bom demais.
YLENIA: O que a gente fez foi um teatro de gestos, porque não tinha palavras.
FRANCESCA: A gente leu um livro e depois fez como se fosse os personagens que estavam no livro; por isso, os interpretamos.
SIMONE: É tipo um livro no meio da natureza.
MARIANNA: Mas é teatro improvisado, porque não é como se cada um tivesse o seu papel. Todo mundo fazia de qualquer jeito.
FRANCESCA: Improvisar é bom, porque você pode fazer o que quiser, pode dizer umas doideiras.
VALERIA: Dizer livremente o que pensa.
MATTEO: Era um teatro improvisado sem regras e com regras, porque você podia jogar a farinha nos outros do jeito que você queria. Claro, não é que podia pegar a farinha e enfiá-la na boca de alguém... mas podia fazer o que quisesse.
MARIANNA: Sim, porque a gente é que era os *pestes*. A gente era *pestes* espontâneos.
VALERIA: Só tinha uma regra: você não podia sair da personagem, porque, mesmo que tentasse, era automático que você sempre ia ser aquela personagem.
LARA: Você lembra quando a gente entrou na caçamba de lixo?

9

DIONÍSIO EM SALA DE AULA E O QUE NÃO SEI FAZER

Cada turma é uma espécie de organismo vivo, do qual todo mundo participa reagindo ao contexto das relações mútuas. O paradigma da complexidade nos ensina que, por sua mera presença, o observador sempre altera o que é observado. Se, além do mais, quem observa é logo o professor, ou seja, aquele que, com força, tem as rédeas da situação em mãos, cada coisa que afirma é não apenas parcial, mas provavelmente arbitrária.

Narrando sobre essa classe, que admito ter amado como poucas, não queria dar a impressão de que tudo sempre correu bem.

Desde o segundo ano, por exemplo, quando Mattia chegou de Roma à nossa turma, tive contínuas dificuldades com ele, devido à incessante turbulência que sempre acompanhou sua singular inteligência. Ao longo de quatro anos, não consegui encontrar, na relação, uma medida capaz de construir uma harmonia duradoura entre a gente.

Mattia tem olhos claros e um olhar que pergunta, pergunta sempre. Fala o tempo todo, se intromete em tudo e se agita — e incomoda frequentemente aqueles que estão por perto. Quando, aparentemente, fica ouvindo os outros ou começa uma tarefa, de repente se levanta e vai apontar um lápis que já tem ponta ou pede para ir ao banheiro. Nas conversas, interrompe continuamente os colegas, porque é possuído por suas urgências. Quando intervém, muitas vezes, diz coisas profundas e envolventes, mas, às vezes, fala apenas para fazer ouvir sua voz, se sobrepondo aos outros.

Ouvi definir a adolescência como a idade do oximoro, mas Mattia deve ter caído no oximoro quando pequeno e parece não conseguir sair de lá, porque qualquer coisa com que se depare, ele a quer e não a quer ao mesmo tempo. Prefere dirigir-se aos adultos e às vezes ignora os colegas, nos quais confia pouco, porque tem receio de que não o considerem. E, efetivamente, às vezes o tratam com desdém, porque, em alguns momentos, é prepotente e empurra e se agita, meneando-se a esmo. Envolve quem está por perto com pequenas provocações ou intrusões cômicas, que despertam o riso ou a raiva ou reações inusitadas.

Somente Luca, uma criança que chegou a nós no quinto ano, conseguiu criar com Mattia um relacionamento intenso e profundamente amigável, porque, entre eles, se estabeleceu, desde o começo, um clima de confiança. Mas Luca é um menino doce, sensível e atento a tudo. Tem uma calma interior que o leva naturalmente a acolher cada gesto de Mattia, sem nunca dar a impressão de que o está aguentando. Dessa forma, consegue ficar realmente próximo dele, mesmo nos momentos mais tempestuosos.

Eu, pelo contrário, frequentemente me irrito e grito com ele. Depois, tento lidar com ele na boa, levo-o para fora da classe e falo com ele em voz baixa. Mas Mattia não aceita qualquer espécie de crítica ou bronca. Há sempre um motivo para o que aprontou que não depende dele. Então, volto a gritar, porque me deixa louco a sua incapacidade de reconhecer o que quebra ou desfaz entre coisas e relacionamentos.

Continuamente proponho tratos que ele não respeita e que eu também não respeito. Às vezes, me exaspero, me dá vontade de agarrá-lo, chego nele com exagerada veemência e, de perto, grito de novo com ele. Ele fica com medo, se cala, e em seguida, cinco minutos depois, recomeça do mesmo jeito, enquanto eu me angustio pela minha reação exagerada.

Fora da escola, nos quinze minutos de estrada que me levam de volta para casa, torno com o pensamento a essas recíprocas reações vãs e violentas e fico chateado e me pergunto por quê, mais uma vez, caí na armadilha. Porque não sou capaz, feito um adulto já quase ancião, de colocar distâncias que consigam evitar o choque, o curto-circuito que liga indissoluvelmente, em um instante, nossos humores destrutivos. E fico com raiva, tanta raiva de mim.

Então, olho as árvores que correm fora da janela do carro e que, dia após dia, mudam seus verdes dependendo de como se ajeitam as nuvens no céu, e então me acalmo um pouco. Observo os carvalhos, sempre os últimos, que se despem e se revestem de folhas com a lentidão indolente das crianças que não querem ir à escola de manhã. Mas não são os carvalhos, dos quais nada sei, que seguem vagarosamente o ciclo anual dos contínuos retornos. Sou eu que não suporto encontrar-me de novo no mesmo ponto, a perguntar-me: Franco, por que não consegue não reagir desse jeito?

No quarto ano, fazendo teatro, ninguém tinha dúvidas de que Mattia deveria interpretar Dionísio, o deus irredutível a toda ordem consolidada.

Com as crianças, as semanas de ensaio são o lugar onde ocorrem deslocamentos e desnorteamentos, a época em que melhor consigo me relacionar com o que delas não entendo. Estamos tentando construir uma cena cômica, em que todos os deuses fogem do monte Olimpo, assustados com a fúria de Tifão. Tínhamos lido no mito que, para fugirem sem ser vistos rumo ao Egito, os deuses se disfarçaram até de animais. Divertindo-se com essa viravolta, nove crianças improvisam uma espécie de dança dos caráteres, em que cada uma se apresenta com uma frase e um gesto típicos do seu deus, encontrados e elaborados durante os ensaios.

Depois de Atena, que revela sabedoria no passo composto de Erika, vem aí Dionísio no mobilíssimo corpo de Mattia. "Eu sou Dionísio louco e danço desembestado. Desenfreado, selvagem, sou sempre exagerado", diz ele, gritando e pulando e jogando-se ao chão. Há dias em que seus pulos são tão atrapalhados que, ao atirar-se ao chão, esbarra e ri e se retorce. É difícil acompanhá-lo, porque muda seus gestos toda vez, mas, teatralmente, é perfeito, e todos o aplaudimos.

O problema é que Mattia não abandona Dionísio nem sequer nos bastidores, e desfaz e desarruma e bagunça o tempo todo os instrumentos e trajes dos colegas. Anda com passo pesado e descuidado, bate os pés quando os outros estão encenando em voz baixa, quebra o silêncio e nunca entra em cena na hora certa.

Agora que volto a essas memórias, se torna mais claro por que ele me exaspera e por que penei tanto para encontrar pontos de contato com ele: Mattia se parece comigo, e não suporto esse espelho.

Eu também transgredi muitas vezes regras que achava erradas, e não vejo por quê, aos olhos de Mattia, muitas regras que vigoram na escola não deveriam parecer arbitrárias e absurdas.

Eu também me perco em vórtices de pensamentos que me inquietam. Eu também fico distraído quando persigo algo que não sei. Eu também preciso exagerar e me reconhecer nas reações que provoco nos outros, com medo de desaparecer se alguém não reparar em mim.

ARTE, FERIDAS E FRAGILIDADES

Geralmente, quando se trata de contar o que fizemos, priorizamos as coisas que alcançamos. Porém, o meu embate com Mattia me despe, me desnuda. Me deixa só comigo mesmo diante de minhas incapacidades.

Anos atrás, Anita, irmã do meu filho Icaro, um dia disse: "Não dá para falar com o Franco. Ele tem, na cabeça, um monte de moscas jogando pingue-pongue". O rigor de seu diagnóstico foi perfeito e me fez aportar em um assunto sobre o qual continuo matutando há muitos anos. Estou convencido de que a nossa criatividade, a nossa capacidade de inventar coisas, esteja intimamente ligada aos nossos mais íntimos pontos de fratura. É nas rachaduras, nos vazios, no que sentimos quebrado ou remexido dentro de nós, que nasce, se é que nasce, algo novo e inesperado. Um pouco como a primeira folha verde, tenra e encolhida, que rebenta em primavera pelas fendas do concreto, anuncia o nascimento de uma figueira, cujas raízes, se continuar viva, cavarão seu caminho infiltrando-se e rachando até o mais sólido dos muros.

É no nosso sentirmo-nos inadequados, no experimentar atrito e dissonância no contato com o mundo e com nós mesmos, que temos que cavar e procurar.

O que sempre me atraiu e emocionou no encontro com os artistas dos quais tive a sorte de me aproximar era a sua total dedicação ao detalhe. A ideia de que alguém possa dedicar meses e anos procurando, cavando, para chegar à definição de um pormenor. E perceber que aquela busca era toda a sua vida e, ao mesmo tempo, algo muito mais importante e maior que sua vida. Quando leio um romance, ouço música, observo um quadro ou participo de um evento teatral que me toca, sinto gratidão pelo extenso trabalho que alguém fez também para mim. Alguém que talvez, em um lugar e um tempo distantes do meu, procurou, procurou e voltou a procurar algo que a mim se apresenta com simplicidade em um instante.

Sou grato aos meus pais pelo sentimento de devoção à arte e à beleza a que me educaram desde pequeno e que, em minha memória, se condensa no enlevo que minha mãe sentia ouvindo os últimos quartetos de Beethoven ou observando as cores com que Giotto deu forma ao colóquio entre Francisco de Assis e os pássaros. Minha mãe literalmente pirava em contato com o belo, enquanto meu pai fazia questão de sempre lembrar que os artistas trabalham sem parar, contando-me como, durante a guerra, em uma época de extrema pobreza, deu a ajuda que podia a Tono Zancanaro, seu amigo pintor de Pádua, que nos anos da maior tragédia do século XX trabalhava incansavelmente em sombrias gravuras noturnas que, naquele momento, sentia necessárias.

Tive a sorte de hospedar por alguns meses, em Cenci, o grande diretor polonês Jerzy Grotowski e regularmente, durante dez anos, Rena Mirecka, a atriz principal de seu *teatro pobre*. Frequentei o curso de dramaturgia teatral que Eduardo De Filippo ministrava em Roma e acabei acompanhando de perto várias pesquisas de teatro, entre as quais a de Chiara Guidi da *Socìetas Raffaello Sanzio*. Sempre percebia, observando o trabalho desses artistas, uma temperatura, um fogo, uma espécie de febre que os marcava e parecia nunca abandoná-los.

Talvez por isso me sinta tão atraído pela arte e sempre tenha tido curiosidade com relação à vida, ao trabalho e à lida dos artistas. Anos atrás, quando minha vida abeirou-se ao abismo da depressão em que minha mãe mergulhou durante anos, tive tanto medo daquele vazio sideral que desejei intensamente aquecer-me àquele fogo, dando-me conta, no entanto, de que só poderia observá-lo de longe.

Acho que o teatro sempre me apaixona tanto por ser uma espécie de concentrado da vida: um tempo e um espaço especial onde, quando tem arte, cada gesto tem um significado e é memorável. Cada gesto engaja uma batalha mortal contra a insensatez da existência.

Assistindo às aulas de Eduardo De Filippo, lembro que fiquei comovido quando contou que, muitas vezes, chegava horas antes ao camarim não para se preparar melhor para a entrada em cena, mas porque, nos disse: "eu fico entediado lá fora".

Ao longo dos anos, no entanto, aprendi a distinguir os muitos enganos que se escondem na alegada semelhança entre arte e educação.

A ilusão de que todo mundo possa ser artista me parece ser filha da exorbitante dilatação do ego, própria da época em que vivemos — mas com a agravante de edulcorar o ato criativo próprio da arte, associando-o arbitrariamente ao bem-estar e à cura, quando, para qualquer um que tenha frequentado de perto algum artista de verdade, é óbvio quanto sofrimento e impaciência com seus limites e os limites do mundo há em quem tem e tenta cultivar a angústia e o talento da arte.

As crianças não são pequenos artistas pela simples razão de que a distribuição dos talentos da arte é avara e absolutamente arbitrária.

Diferente é o discurso sobre o artesanato criativo, que acredito que todos, absolutamente todos, tenham o direito de experimentar e frequentar nos mais altos níveis possíveis, brincando com a arte, gozando da arte e descobrindo, por proximidade ou contraste, o quanto a arte pode nutrir o talento de cada um, seja qual for a forma e curvatura que ela tome.

Então quem, senão a escola pública e seus agentes, deveria oferecer oportunidades para aqueles que têm menos oportunidade de frequentar toda forma e expressão do belo?

Tem uma passagem de Anna Maria Ortese que expressa com palavras nítidas o cerne da questão:[50]

O garoto é só. Seu aproximar-se — e logo a queda, muitas vezes um embate com a terra e o chamado mundo real — acontece desse jeito. É um êxtase e um impacto. Ter, nessas circunstâncias, meios de expressão, ser educado para usar esses meios, poderia significar ser munido de um para-choque, ou um paraquedas. Significaria entrar no mundo — do real — pelo lado certo e próprio do ânimo humano, que é o fato criativo. [...]

Na sua educação, ou nascimento para o mundo, faltou o aporte de sua própria criatividade. Achou tudo já feito. E o tudo feito — por outros — vai destruí-lo. (...) Quando for perceber sua amputação fantástica, ou criativa, vai querer destruir.

Assim, eu sempre pensei que o problema máximo do mundo — e de sua paz, mesmo que relativa — é ter crianças capazes de entrar no mundo chamado de adulto com elas próprias criando, e não, pelo contrário, apropriando-se e destruindo". (...)

É difícil, obviamente, mas acho que nós, adultos, temos o dever de reagir a toda *amputação fantástica* de que as crianças são vítimas e construir e custodiar com o maior cuidado lugares e meios para nos determos junto à arte e encontrá-la e reconhecê-la e dela nos alimentarmos.

50 Anna Maria Ortese, *Corpo celeste*, Adelphi, Milano, 1997. (NdA)

Mas, para fazer isso, é necessário pôr, sem receio, algumas reviravoltas em prática.

Estou convencido, pois, de que a escola, se tiver a ambição de educar para a liberdade, não tem que imitar o que acontece na sociedade, mas atuar por contraste, de forma crítica e concreta. Se a escola quiser ser um lugar de *criação cultural* aberto ao futuro, não deve achatar-se no presente.

Se todos passam horas a fio colados a telas de todos os tamanhos, temos que delimitar um lugar protegido onde observar as coisas mais simples, como uma árvore, a chuva, a luz do sol, que muda as cores das coisas ao passar das nuvens.

Se tendemos a viver em lugares assépticos totalmente artificiais, precisamos encontrar uma maneira de a gente se sujar com as cores, mexer com a terra e plantar, mesmo num pequeno jardim ou até num vaso, alguma semente que não sabemos se vai nascer.

Se aumenta a pressa de obter instantaneamente respostas e resultados, devemos cultivar a espera, que é a levedura necessária a toda pesquisa e uma dimensão que permite a surpresa.

Se todo espaço está repleto de objetos e sons e movimento contínuo de imagens, é importante fazer um pouco de vazio e silêncio, para dar espaço à escuta de vozes mais tênues e sutis.

Se conversamos com frases fragmentadas e palavras jogadas por aí de qualquer jeito, é importante criar oportunidades para discutir, argumentar e praticar a arte do diálogo, que se funda na escuta recíproca e numa lenta construção da capacidade de *pensar juntos*.

Se todos correm, precisamos ter um lugar onde poder andar devagar, onde encontrar o tempo necessário para não fazer as coisas de forma rápida e superficial. Se formos devagar e tivermos a paciência de voltar e tornar a voltar várias vezes às mesmas perguntas, aumentam as chances de que *todos* cheguem lá, e talvez se criem as oportunidades para nos depararmos de maneira realmente profunda com alguma coisa.

Na minha experiência, não tenho dúvida de que o teatro, por exemplo, é um lugar que permite muitas dessas necessárias reviravoltas.

O JOGO ORIGINÁRIO DO TEATRO

Dizem que o teatro afunda suas raízes no rito e na narrativa oral. Mas existe uma outra fonte de teatro, mais próxima da gente, que se encontra nos jogos que as crianças fazem desde a mais tenra infância. As crianças jogam espontaneamente o jogo do teatro e se identificam com objetos e animais e personagens bem antes de aprender a falar, antes de brincar com a língua e entrar em contato com aquele elemento particularíssimo e tipicamente humano que consiste em associar ações e coisas aos sons das palavras. Antes, pois, vem a associação entre gestos e elementos, entre rostos e sentimentos, entre movimentos e direção.

A linguagem é o terreno forçoso para que os *filhotes de homem* consigam entrar no mundo dos adultos, separando-se aos poucos, com dor, da plenitude de um presente sem limites.

A viagem para ir longe no tempo e no espaço começa dando nomes a objetos e sensações, que, a partir de então, tomarão forma no mundo paralelo da linguagem. Mas deve ser tão chocante essa experiência de nomear de modo unívoco ações e elementos, que as crianças pequenas sentem a necessidade de agregar algo que tenha uma substância mais concreta. É então que começam a tratar de uma forma original e aparentemente incongruente espaços, coisas e pessoas, fazendo com que se tornem elementos de seu teatro imaginário.

Eu acredito que esse jogo — talvez o mais antigo deles — nasça do fato de que as crianças nunca estão ajustadas a viver lá onde foram parar, onde caíram, despencaram. As crianças precisam sempre se adaptar. Nenhuma menina ou menino escolheu seus pais, nem a casa, a cidade, o país e talvez até mesmo o planeta onde a sua vida se enraizou. Desconfio que seja a partir desse longo e difícil processo de adaptação que nasceu o teatro: do nosso nunca sermos completamente adequados aos lugares onde estamos e da necessidade física de fantasiar outros espaços.

Nesse fantasiar, feito principalmente com o corpo, encontra-se a raiz mais antiga do nosso criar mundos. E acredito que essa seja uma fonte criadora primária, potencialmente ilimitada, que surge quando somos muito pequenos e que, depois, tentamos voltar a encontrar durante a vida inteira, por ser uma fonte profunda e essencial. Uma fonte muitas vezes ligada a pequenos ou grandes sofrimentos, porque *não ser adequado* a um lugar ou a relações provoca dor, desconforto e, é claro, também alegria e realização, quando nos reencontramos, quando reconhecemos e somos reconhecidos. Mas, para que tudo isso se cumpra, as crianças necessitam de espaço, de silêncio, de vazio.

Hoje, que as casas estão repletas de jogos eletrônicos e telas sempre ligadas, capazes de ocupar por horas a fio e distrair e atordoar as crianças, muitas vezes desde a mais tenra idade, acho que é importante voltar a encontrar na escola a possibilidade de fazer experiências que ajudem a recuperar aquela concentração e intimidade na relação com o espaço e os objetos e os personagens que povoam o imaginário de que se alimenta a infância.

UMA MISTURA ENTRE O QUE VOCÊ É E O QUE VOCÊ NÃO É

Falando em *quedas* em lugares pouco acolhedores, um dia, no terceiro ano, fomos levados a refletir sobre o sofrimento que qualquer forma de exclusão causa na gente.

As crianças relataram vários episódios que haviam vivenciado, e três delas descreveram quanto tinha sido difícil chegar a uma classe em que as outras crianças já se conheciam. Francesca contou que se sentiu muda e que percebeu uma barreira intransponível na hora em que os outros estavam brincando juntos. Marianna, que admitiu demorar sempre algum tempo antes de conseguir tornar-se amiga de alguém, contou ter tido a sensação de que ninguém gostava de ouvir as palavras que saíam da boca dela, enquanto Mattia, que, entre os três, era aquele que havia sofrido por mais tempo, disse: "Se você tem um problema e não pode falar dele com ninguém, no final, dentro do coração, te dói mantê-lo dentro por muito tempo".

O tema era tão agudamente presente neles que decidi dedicar a peça de teatro daquele ano ao jogo das exclusões mútuas, muitas vezes involuntariamente cruéis, a partir de uma história em rima do Dr. Seuss, intitulada *The Sneetches*.[51]

O texto é cômico e grotesco e conta a história de uma banda de fantasmagóricos *Sneetches* — sempre inexoravelmente excluídos de qualquer brincadeira pela turma dos *Sneetches estrelados* — e de um macaco aproveitador que lucra com o conflito. Encenar as batalhas inúteis e inesgotáveis entre as duas bandas de *Sneetches* mexeu com um monte de coisas sedimentadas, e sugeri botar, logo na primeira cena, o diálogo sobre as exclusões vividas em classe. Propus, entretanto, que as palavras ditas por Francesca, Marianna e Mattia fossem recitadas no palco por Erika, Valeria e Lorenzo.

Conversando disso algum tempo depois, eis como contaram ter vivido essa experiência particular de identificação.

FRANCESCA: Quando Erika disse a frase que eu falei, me senti bacana, porque tinha dito algo importante. Depois, senti como se a gente tivesse feito uma troca de pessoa, porque uma coisa que você diz é uma coisa sua, então, se você a ouve falada por outra pessoa, é como se fosse você que a estivesse dizendo.

---

51 Dr. Seuss, *Gli Snicci e altre storie*, Giunti, Firenze, 2002. (NdA) — Dr. Seuss, *The Sneetches and Other Stories*, Random House, 1961. (NdT)

MARIANNA: Eu me senti como se eles fossem eu e eu fosse a personagem do teatro. Como se, naquele momento, tivesse duas mim.

FRANCESCA: Ficou legal, porque a gente era a gente mesmo, botamos coisas que são nossas.

MARIANNA: Os personagens que saíram não eram personagens de verdade, os personagens eram a gente.

ASIA: Pra mim, o teatro é uma forma de você se expressar, porque, quando pulamos do carro, todo mundo devia cair na zoeira, e aí expressamos a alegria, mas quando fizemos os *Sneetches* comuns, sem estrelas, que estavam com inveja dos outros, expressamos a raiva. Recitar é fazer as emoções saírem de um baú.

FRANCO: *De um baú? Em que sentido?*

ASIA: Tem como se fosse um baú que a gente nunca abre, só que, quando você faz teatro, o baú se abre e sai tudo, saem todas as emoções.

VALERIA: Você interpreta um papel que não sabia que existia dentro de você.

MATTIA: Este onde estamos agora é o mundo real; lá, ao contrário, era uma ficção, ou seja, uma coisa ajustada entre o que você é e o que você não é. Você talvez não goste desse papel, porque é o oposto do que você é... e aí lhe sai algo melhor.

MARIANNA: Todo mundo não sabe nada, mas sabe tudo.

ERIKA: Não é como se eu não gostasse da Francesca, aí ela me diz aquela frase e eu a digo errado. Já que confio nela e gosto dela, tento fazer o possível pra dizer do jeito que ela disse.

FRANCO: *Você gostou de ouvir uma frase sua na peça, falada por outra pessoa?*

MATTIA: Sim, gostei muito, porque fui eu que a inventei, não foi um senhor por aí, um escritor, que a inventou, e depois eu a disse. Não, fui só eu quem a disse... é original.

MARIANNA: Quando você está no palco, tipo a Asia disse, é como se você encontrasse a chave de um negócio que nunca tinha provado, e essa chave faz abrir o baú.

FRANCESCA: Essa coisa do baú... quando está encenando, você solta as emoções, as manda embora. Porque, antes, o baú empurra, empurra, empurra, mas não dá conta. Depois, quando é a sua vez, se abre, porque não aguenta mais.

10

O TEATRO, ESPELHO DE UM PERCURSO

Tenho me perguntado com frequência, durante o ano, em torno de que tema poderíamos construir nossa última peça de teatro. Era uma pergunta importante para mim, porque, por cinco anos, o teatro tem sido o lugar onde tentamos tecer e dar um sentido aos fios soltos das nossas pesquisas.

Tinha pensado, nos primeiros meses de escola, em buscar inspiração na história de Enaiat e tentar encenar uma espécie de odisseia moderna que tivesse como protagonista um menino. Depois, à medida que crescia nas crianças o fascínio pelo mundo helênico, pensei em abordarmos juntos os temas de uma tragédia clássica, para adentrarmos ainda mais na cultura grega.

Um certo dia, no final de março, Valeria vem a mim na hora do recreio, junto de outras crianças, e me pergunta: "Então, professor, sobre que vamos fazer a peça deste ano?". E Lara e Francesca em coro, saltitando, acrescentam insistentes: "Quando começamos? Quando é que começamos?". Frente a esse pedido, que, nos dias seguintes, se faz cada vez mais premente, decido começar a *ensaiar* a partir dos materiais que temos, sem ter, ainda, a mínima ideia na cabeça sobre como eles poderiam se conectar.

Temos os filósofos de Rafael, as cartas enviadas e recebidas, nossas muitas conversas. Material, a gente tem até em excesso, mas o teatro precisa de ideias e imagens fortes, se alimenta de histórias que tenham a necessidade de ser narradas, e ainda estou bastante confuso.

Já que o caso de Pitágoras e do mistério da raiz de dois é uma das histórias que mais os impressionaram, sugiro que comecemos por aí. Afinal, em sua escola, Pitágoras entrançava números, danças e música, e, como acredito que até hoje faria muito bem às meninas e aos meninos experimentar a fecundidade daquele entrelaçamento, é daí que vamos começar.

PITÁGORAS E O SOM DOS FERREIROS

Fissurado como era com os números, parece que Pitágoras, um dia, caminhando pelas ruas de terra de Crotona, ouviu o som dos ferreiros batendo o ferro. Impressionado pela cacofonia causada pelo martelar, mas também pela beleza dos sons, perguntou-se qual era a origem dos diferentes volumes e tons que aquela percussão gerava. E como era um homem prático, começou a serrar barras de ferro e procurar a relação entre as medidas dos ferros e seus sons.

Estou instalando um novo sistema de energia solar em casa, e o encanador acaba de remover alguns tubos que traziam a água quente do telhado. Vejo três longos tubos de cobre, pego-os e os levo imediatamente para a escola. Após os pendurarmos na sala de aula, ouvimos os sons que fazem. As crianças se divertem batendo neles com lápis e réguas. Fabio acha um pedaço de ferro, usado não lembro mais para quê, e o usa para bater com força. O som dos metais é agora nítido e distinto. Paramos todos para ouvir.

Pitágoras começou a serrar um pedaço de ferro em dois, e depois em quatro, e em oito, e ficou ouvindo o efeito que faziam os ferros cortados nessas proporções.

Levamos, todos juntos, os nossos longos tubos para o pai de Valerio, que é ferreiro, e lhe pedimos para fazer como o ferreiro de Pitágoras. Ele fica surpreso e se diverte com a proposta, serrando os nossos tubos nas proporções que arriscamos.

Alguns especulam que tenha sido escutando as batidas dos ferreiros; outros, refletindo sobre o comprimento das cordas da lira; parece certo, entretanto, que foi justamente Pitágoras quem encontrou as sete notas que, ainda hoje, qualquer um que cante ou toque um instrumento usa.

Meninas e meninos ficam emocionadíssimos ao descobrir quem descobriu as notas, embora haja quem ache difícil de acreditar que *dó, ré, mi, fá, sol, lá, si* tenham a ver com as fracções, que alguns têm tido dificuldade de digerir.

Assim, a primeira cena vem de maneira totalmente natural. Pitágoras só pode ser Marianna, uma vez que ela o escolheu entre as figuras de Rafael e está em correspondência com ele, enquanto quem o questiona é Fabio, que, no afresco, escolheu um homem com uma coroa de louros na cabeça, que lê um grande livro carregado por uma criança pouco maior que um bebê. Demos-lhe o nome de Filolau, que foi discípulo de Pitágoras, mas, na peça, faz questão de dizer que é amigo de Orfeu, que trouxe a música ao mundo, porque é o que estava escrito na primeira carta que recebeu.

O orfismo, afinal de contas, influenciou os pitagóricos, e por que não mencionar, portanto, em nosso jogo teatral, essa *hipótese* que liga estreitamente a música à origem da matemática?

Às meninas, além do mais, importa muitíssimo dizer no palco que Pitágoras parece ter sido o primeiro a abrir sua escola para as mulheres, e põem grande vitalidade nas improvisações que começamos a fazer no amplo espaço escuro que fica ao lado da escola: uma velha igreja que virou cinema no pós-guerra, depois academia e, por último, Assembleia Municipal.

É nesse espaço que começa a tomar forma, arduamente, a nossa peça, nos dois dias por semana em que ensaiamos. Por enquanto, não são exatamente ensaios, mas apenas fragmentos esparsos. Tem a dança dos quatro cantos, uma estrutura de trabalho sobre o movimento e a atenção recíproca que treinamos repetidas vezes, porque necessita de concentração.

Enquanto meninas e meninos, separadamente, ensaiam essa estrutura de dança acompanhados por colegas que tocam diferentes percussões, me pergunto por que a escola é tão receosa em relação ao corpo, tão pouco capaz de admitir o seu potencial cognitivo. Horas e horas sentados e travados em carteiras desconfortáveis, quando é evidente que mover-se no espaço ajuda o movimento dos pensamentos.

Nas propostas educativas extraescolares, prevalecem, para os meninos, as escolas de futebol, frequentemente muito competitivas, e para as meninas, as escolas de dança, onde reina soberana a imitação de insinuantes balés televisivos. Às vezes, há algo diferente para aqueles que são mais afortunados, mais ricos, vivem em lugares que oferecem mais oportunidades ou têm pais que cuidam com mais atenção das atividades de seus filhos. Mas não é justamente a *escola de todos* que deveria fazer do relacionamento com o próprio corpo o centro de uma pesquisa viva e animada, rigorosa e solta?

Fico pensando em tudo isso enquanto os observo dançar e me arrependo de ter dedicado, apesar de tudo, pouco tempo demais ao movimento. O corpo como objeto de consumo e desejo invade cada espaço e influencia fortemente o imaginário de meninos e meninas desde a mais tenra idade, enquanto nós, os professores, mesmo sem sabê-lo, somos profundamente marcados por uma cultura que desvaloriza o corpo. O corpo que procura seu equilíbrio e que experimenta seus ritmos, o corpo que percebe, conhece, elabora estruturas e se reconhece alargando o respiro e articulando os movimentos... esse corpo é um campo muito pouco explorado pela escola e, de qualquer forma, sempre colocado em segundo plano, em comparação com coisas consideradas mais importantes.

O TEATRO PARALELO DOS JOGOS DAS CRIANÇAS

"A música está nos números, Filolau, a música está nos números!" — exclama, convencida e animada, a nossa Pitágoras-Marianna na segunda-feira seguinte. — "E se a música e a harmonia estão no cosmos, e o cosmos é números, frações, proporções, o número está à base de tudo, o número é tudo!".

"O número é tudo?", respondem, em coro, as crianças. "Se esse cara não parar agora mesmo... a gente nunca mais vai se safar da matemática!", responde, divertido, Mattia, com um gracejo que surgiu nas improvisações.

Com frequência, o teatro nasce do desnorteamento, que também é o terreno da comicidade, do jogo e, às vezes, até das pequenas e grandes crueldades de que as crianças são capazes. Quando se sentem mais livres e longe do olhar dos adultos, as crianças quase sempre riem e brincam. Os meninos entram frequentemente em contato físico, se empurram, se provocam, fazem bagunça. Aliam-se às vezes com malícia, isolando os mais fracos, guerreando. As meninas se agrupam, entram em contato elas também, e por vezes em conflito, mas com mais palavras e menos gestos, com maior sutileza, que, às vezes, se transforma em pequenas e grandes maledicências.

O *teatro paralelo* das relações mútuas acompanha cada momento da vida escolar e afeta enormemente o clima da classe. Tem quem se esconda e quem se exiba. Quem entre em uma área de sombra e esmoreça. No microcosmo das posições mútuas, se enrijecem, às vezes, equilíbrios profundamente injustos e discriminatórios, que geram grandes sofrimentos. Mas logo todos, todos mesmo, são capazes, ao mesmo tempo, de efusões inesperadas e gestos de grande solidariedade, porque na infância, ao contrário da idade adulta, é mais fácil mudar de opinião, se contradizer, voltar sobre os próprios passos e *fazer as pazes*.

Minha maior ambição ao dedicar muito tempo ao teatro está em embaralhar continuamente as cartas, de maneira que as relações mútuas se cristalizem o menos possível.

Os amigos e as pessoas com quem lidamos na vida frequentemente nos pregam e nos espremem no molde de nosso caráter, sem dar-nos a possibilidade de nos distanciarmos da imagem que fizeram de nós. No quarto ano, a timidíssima Ylenia escolheu ser Europa, rainha raptada por Zeus — que havia se tornado touro —, e todos observamos o esforço com que ela desafiava a si mesma, ensaiando gestos e papéis que jamais costumava interpretar nas peças. Naquela sua escolha, que recebi com muita felicidade, Ylenia estava, de alguma forma, buscando uma *segunda chance*, para a qual todos nós procuramos oferecer o máximo apoio, porque nos surpreendeu.

Observando-os mover-se nessas nossas primeiras tentativas enviesadas, fico me perguntando: quem vai surpreender-nos mais este ano?

A piadinha de Mattia sobre matemática, de qualquer maneira, faz todo mundo rir e nos reconforta.

Agora Fabio pode fazer seus experimentos com os tubos de cobre, que penduramos num canto, e do som nasce logo uma dança, porque, por fim, as meninas podem correr excitadas por aí para comemorar o nascimento da primeira escola aberta às mulheres.

A história está, aos poucos, começando a tomar forma, mas não sabemos como inserir a longa fala sobre a raiz de dois, muito importante para nós. A ideia de que uma escola baseada no número, em algum momento, descubra um número maluco, não mensurável, nos fascinou desde logo, e precisamos encontrar o jeito de torná-la teatro, ou seja, ação.

Após dias e mais dias de ensaios que não nos convencem, levo à aula um longo pano preto e algumas garrafas de plástico de meio litro, cheias de areia e todas com um furo na tampa. Com esses *lápis de areia*, as crianças começam a desenhar diferentes formas, e o efeito de ver aparecerem formas geométricas da cor dos grãos de areia no fundo preto do pano, que se misturam e desaparecem de repente quando o pano é sacudido, é tão bonito que decidimos organizar toda a nossa *cena matemática* em volta desse pano comprido.

Misturando as frases do nosso diálogo sobre a raiz de dois com a exigência teatral de encenar o momento em que, na escola de Crotona, alguém descobriu aquele *número maluco*, a gente pouco a pouco compõe a cena.

Simone, que tem o comediante no sangue, sugere andar vagando entre os espectadores à procura da raiz de dois, como se fosse um gato perdido. E alguns, ensaiando, se saem com algumas rimas, que sempre ajudam a dar ritmo e soltar a dicção. Algumas falas sou eu que sugiro, jogando com seus caráteres, e assim, para Valerio, que vez ou outra se sente rejeitado pela matemática, sugiro responder a Valeria, que exorta a *tentar, tentar, tentar...*

VALERIO: Nunca parar de tentar, isso me deixa mareado.
LARA: Pra mim, esse número existe, só que é infinito, você vai, vai, vai, mas nunca o alcança!
TODOS: O infinito assim, num quadrado?
LORENZO: Pra mim, se esconde em algum lugar.
GRETA: Não quer ser encontrado.
MATTIA: É um número que foge, não quer que a gente o pegue...
TODOS: (movendo-se no meio do público) Raiz de dois? Raiz de dois? Raiz de dois... onde você está?
FRANCESCA: Desculpem, por acaso viram a raiz de dois? Vocês a viram? Vocês a viram?
VALERIA: Acho que este lado do quadrado 2 é realmente especial, e encontrá-lo... é uma bela de uma viagem.
GRETA: Porque, vejam só, encontrá-lo juntos é possível... e não é possível.
FABIO: Pitágoras, Pitágoras... aqui tem um buraco! Tem um buraco na linha de números. Como é que vamos fazer? Pitágoras, venha nos salvar, que estamos nos afogando no meio do mar!
VALERIO: Quem sabe a matemática não é uma onda? Você entra nela feliz... e logo afunda.
SIMONE: Pitágoraaas, Pitágoraaas... Mas isso você não nos disse!

MARIANNA: Me desculpem, garotos, mas eu também não sabia. Mas fiquem calados, ou vão achar que somos loucos!
ERIKA: Esses anos todos trabalhando nos números, acreditando que os números são tudo...
IRENE: Aí chega um número e avacalha tudo.
MATTEO: Um número que você não acaba nunca de escrever: uma loucura que só nos traz um monte de chaturas!
VALERIA: Eu fico mais maluca que o número!
FRANCESCA: Um número tão pequeno, mas com consequências enormes!
GRETA: A gente não pode descobri-lo, porque ele é infinito, mas nós não somos infinitos!

Segue-se um grande tumulto, acompanhado pelo som alto e desagradável de chapas metálicas sacudidas. Os membros da escola pitagórica fogem em todas as direções e se escondem entre as cadeiras onde o público vai estar sentado.

A primeira cena acabou, e estamos todos satisfeitos.

UM REFRÃO PARA BRINCAR COM RAFAEL

Demoramos duas semanas para encontrar a ligação com o resto; por fim, Lara e Ylenia, depois de se abaixar e recolher o grande pano preto como se fosse uma trouxa a ser protegida feito um recém-nascido, introduzem a segunda cena dizendo:

LARA: Os pitagóricos foram expulsos de Crotona, a escola deles foi queimada, e eles se espalharam por todo o Mediterrâneo.
YLENIA: Mas suas ideias influenciaram o mundo durante séculos, e... adivinhe onde foram parar?
TODOS: (sussurrando) Em Atenas... em Atenas!

Nesse ponto, tem que entrar em cena o grande afresco de Rafael. Mas como?

Tentamos escurecer a sala e procuramos uma maneira de entrar fisicamente na pintura da *Escola de Atenas*, levando a sério a metáfora sugerida por Lorenzo no primeiro dia de escola sobre *entrar em um quadro*.

Na parede de fundo da abside da velha igreja, projetamos em grande formato a imagem da pintura de Rafael, e as crianças começam a brincar dentro dela como fizeram da primeira vez na sala de aula. Experimentamos vestir camisetas brancas que refletem as imagens; depois, com uns papelões claros, cada um começa a procurar *seu* filósofo no feixe de luz projetado. Selecionamos, também, algumas frases entre aquelas recebidas nas cartas, mas tudo parece estar confuso demais.

Para sair da confusão, um dia inventamos um refrão que põe em jogo todos nós, e o Rafael também.

Juntando o antigo sábio persa Zoroastro ao jovem filósofo Plotino, Rafael fotografa mais de meio milênio de conhecimento, concentrando-o em um lugar só. É com isso que gracejam meninas e meninos, gorjeando de várias maneiras: "Rafael, Rafael, com as datas, você fez mesmo uma grande babel".

E a pequena Lara, que leva a boina de Rafael na cabeça, com sua voz afinada e cristalina, responde cantando: "Que me importa, que me interessa; no mundo, somente procuro a beleza!".

A impertinência da brincadeira nos permite interromper na gargalhada a apresentação dos filósofos, que as crianças, por fim, escolhem representar segurando na mão aqueles discos brancos de papelão que servem de apoio aos bolos. Em cada disco, aparece o rosto de um filósofo projetado no ambiente escuro, enquanto a criança que está em correspondência com ele lhe dá corpo e voz. Assim, o obscuro Heráclito, capturado pelo disco de Luca, pode dizer que "os confins da alma, não poderás jamais encontrar, por mais que percorras seus caminhos...", depois que Hipátia contar a trágica destruição da Biblioteca de Alexandria.

"Mas nós não estávamos em Atenas?", perguntam, então, todas as meninas em coro. E os meninos respondem: " Rafael, Rafael, com os lugares, você fez mesmo uma grande babel". E aí Lara canta de novo: "Que me importa, que me interessa; no mundo, somente procuro a beleza!".

O irreverente Mattia, que interpreta Diógenes vivendo no barril, à questão de Alexandre o Grande, que lhe pergunta com que presente poderia brindá-lo, responde simplesmente que deseja que o imperador se desvie do sol e não lhe faça sombra, enquanto o introspectivo Valerio dá voz a Plotino, argumentando que "não é a alma que está no corpo, mas o corpo que está na alma".

O jogo das coincidências fez com que a intuição das crianças as levasse, em alguns casos, a escolher filósofos cujas frases refletem alguns traços de seus próprios caráteres, e, seguindo as associações espontâneas que surgem no decorrer dos ensaios, é justamente em torno do caráter que tentamos compor a cena sucessiva.

A NÊMESIS DE FRANCESCA

O filósofo que mais nos apaixonou não foi escolhido por ninguém. Mas, já que, sobre a porta da sala de aula, meses atrás, escrevemos em grego, com os gizes coloridos, *conhece a ti mesmo*, não podemos não chamar entre nós, em nosso teatro, o mestre de Platão.

Depois de termos falado tanto sobre ele em nossa classe, um certo dia, na sala onde ensaiamos, voltamos a falar de Sócrates. Pergunto quem ele é para eles, como o imaginam, e Matteo repete a frase que disse uma vez na aula: "Sócrates é *um vendedor de espelhos*". Não sei como ocorreu a Matteo um epíteto tão apropriado e icástico. Talvez lembrando o dia de setembro em que passamos mais de uma hora no jardim diante de vários espelhos, tentando desenhar com o carvão vegetal os retratos de nós mesmos.

Seja como for, a definição agrada a muitos, e a adotamos. E visto que estamos fazendo teatro, que é lugar de corpos e objetos, Francesca sugere carregar muitos espelhos, e Matteo alega que poderíamos oferecê-los ao público nesse ponto do espetáculo. Toma forma, assim, a cena em que todos, depois de ter evocado a sombra de Sócrates, que alguns veem e outros não, começam a distribuir pequenos espelhos feitos de papelão e folha de alumínio, enquanto Erika diz: "Eis aqui os espelhos, espelhos para todos. Vamos, gente, atentem um pouco ao filósofo. Comecem a conhecer a si mesmos...".

Os espectadores, um pouco desorientados, reviram nas mãos os espelhos feitos pelas crianças, nos quais é difícil se enxergar. E é nesse ponto que as crianças começam uma espécie de *dança dos caráteres*. Estamos, de fato, retomando ao pé da letra algumas frases da bela discussão feita meses antes sobre caráter, introduzindo, porém, uma variação que dá o tom à cena toda. Francesca, pois, durante um ensaio, encarando-me enquanto eu gritava como um louco para tentar conter suas correrias e gritos selvagens, diz com firmeza: "Você não entendeu nada, professor, estamos perseguindo o nosso caráter!".

Todos riem diante da genial irrupção de Francesca, e dessa vez sou eu que fico desconcertado, porque, entre mim e Francesca, existe uma longa história.

No primeiro ano, de fato, o meu caráter impetuoso a assustava. Devo admitir que, vez ou outra, eu exagero. Fico tão empolgado com o que estamos fazendo que às vezes grito com as crianças, depois me arrependo, faço o palhaço, brinco, me dou umas bofetadas. Enfim, um grande teatro para amenizar e levar na risada a rudeza do meu caráter, que, infelizmente, conheço bem.

As crianças, que geralmente são mais pacientes que os adultos e procuram jeitos e brechas para suportar os muitos absurdos impostos por nós, professores, entendem rapidamente com quem estão lidando e se defendem, cada um à sua maneira, rindo, retraindo-se em seu casco ou dando de ombros. Não é o caso de Francesca, que chegava em casa queixando-se de que o professor lhe dava medo. Na frente da mãe preocupada, eu não tinha qualquer justificação, porque, depois de trinta anos de escola, conheço bem meus defeitos — e não os suporto. Procurei, assim, um estratagema para escapar desse lado escuro da minha paixão pela educação e, com Francesca, combinamos uma palavra — *damasco* —, que se tornou, a partir desse dia, uma palavra mágica. Quando percebia que estava exagerando nos volumes ou no tom, ela pronunciava a palavra *damasco*, e eu entendia e sossegava.

E eis que numa manhã de maio, cinco anos mais tarde, o teatro nos permite voltar a esse conflito virando seu sentido pelo avesso. As crianças se divertem tanto com a chacota de Francesca, com a qual naturalmente são solidários, que me forçam, pela primeira vez, a entrar na peça também, como figurante.

Veja como, por fim, se configura a cena. Marianna diz com veemência: "Você tem que perseguir seu caráter, correr mais rápido que o caráter, mas é impossível". "Você nunca consegue alcançá-lo", responde Irene, e Valeria acrescenta: "Você quer pegá-lo, mas ele foge... Você corre, corre, corre, mas não consegue agarrá-lo".

Meninas e meninos começam, então, a correr como loucos e gritam e berram encapetados, e é nesse ponto que eu ligo as luzes da sala e entro em cena, interrompendo a peça e berrando por minha vez: "Dá licença, mas vocês não podem gritar desse jeito! Isso não é possível! Cuidado, que se continuarem a berrar e correr desse jeito, vamos ter que parar tudo". E, em seguida, dirigindo-me ao público, com voz mais calma, acrescento: "Sinto muito, mas temos que interromper o espetáculo. Não é assim que se faz teatro!".

Como Giove é uma aldeia pequena e todo mundo conhece minhas qualidades e defeitos, pais e espectadores realmente acreditam que eu tenha pirado e ficam suspensos, perguntando-se o que estaria acontecendo. E é nesse ponto que Francesca, saltitando como sempre faz, no silêncio boquiaberto que se criou, vem para a minha frente e grita a plenos pulmões: "Mas então, professor, você não entendeu mesmo nada! Isto não é teatro, é a vida! E nós estamos perseguindo nosso caráter!".

Todos riem aliviados, e a peça recomeça, com as crianças correndo soltas pela sala inteira e gritando, enquanto aumenta o som dos tambores, surrados vigorosamente por Matteo e Mattia.

AINDA NA CAVERNA

Em contraposição, após esse momento desenfreado, resolvemos tentar dramatizar a nossa discussão sobre a caverna de Platão. Compro, para isso, um potente holofote com que tentamos ampliar nossas sombras sobre o fundo da abside, com as crianças dividindo-se em *acorrentados* e *soltos*. Valerio, com o seu ar de quem parece estar sempre em outro lugar, interpreta com naturalidade aquele que é levado para fora da caverna. E Valeria, que o leva para fora para revelar-lhe como é o mundo, propõe passar entre o público e sair deveras daquela que, antigamente, havia sido uma igreja, de modo que, em nossa sala escura, de repente entre a luz do sol de maio, de verdade.

A cena tem seu efeito, porque, quando Valeria percebe que ninguém se mexe para segui-la rumo à abertura da recém-revelada caverna, fecha com raiva o grande portal, batendo-o com força. E é esse gesto, esse estrondo surdo, esse voltar todos à escuridão das luzes artificiais, que dá força às palavras que ela disse na discussão em sala de aula, e agora repete, com uma inquietação e uma raiva absolutamente genuínas: "Nem se mexem! Têm a mente ofuscada! São tão acostumados a ver apenas as coisas que veem nesta caverna que não querem mais sair".

Valeria é a menina que afirmou que "nós mesmos não queremos ser libertados, embora devêssemos...", que "a nossa imaginação tem limites, embora não devesse tê-los", que "podemos espremer toda a lógica que nos vem à cabeça, mas, no final, nunca vamos chegar a uma conclusão... porque a filosofia é infinita".

Junto de Marianna, ela está entre as meninas que mais entraram no mundo da filosofia e muitas vezes tem nos surpreendido, propondo questões sobre o sentido da vida e os limites do conhecimento. É sua, afinal, uma das melhores definições que já ouvi: "A filosofia é o que te leva pelo meio das coisas que você pensa".

A cena final é aquela em que penso há mais tempo, com maior ansiedade e incerteza.

Nosso longo itinerário de pesquisa pelas culturas mediterrâneas foi se entrecruzar com a terrível experiência da morte de um de seus colegas. O mistério daquela tragédia está sempre lá, diante da gente, e volta a cada vez que nos ocorre falar sobre o sentido da vida.

Queria compartilhar com os pais, os colegas e outros habitantes de Giove as palavras densas e as perguntas que meninos e meninas têm dedicado a Luca e ao problema da morte.

Tinha escolhido para a nossa representação a ex-igreja, porque achava que a gente estava precisando de um lugar aonde tornar e retornar sempre que tivéssemos o tempo e a necessidade. Sem sabê-lo, tínhamos, agora, as condições para inventar ali um pequeno *ritual*, criar uma espécie de cerimônia.

Essas questões abertas, de fato, precisavam de um contexto que permitisse uma concentração e uma escuta que as apresentações de fim de ano das crianças têm dificuldade em encontrar quando propomos montagens ao ar livre e o público é muito grande. Por isso, aos poucos, ganha espaço em mim a convicção de que, neste ano, temos de propor algo inusitado. Uma espécie de *teatro de crianças para adultos*, um convite para entrar com atenção e cuidado no mundo frágil e precioso em que nascem as perguntas mais profundas e essenciais. As perguntas que nos levam rumo à origem. À origem do pensamento, à origem da vida e de sua insondável conclusão.

As crianças aprendem de cor algumas frases, escolhidas entre aquelas que foram pronunciadas nos dois debates que se seguiram à morte de Luca, e tentamos repeti-las no espaço escuro e silencioso sob as abóbadas do que, outrora, foi uma igreja. Acontece, de modo espontâneo para todo mundo, de as pronunciarmos em voz baixa. Um dia, também tentamos repeti-las à luz de pequenas luminárias, atravessando lentamente o espaço com velas acesas na mão, mas a atmosfera que vai se criando tem um sabor fúnebre, que contrasta com a luminosidade de seus pensamentos.

Tentamos, então, acender uma pequena fogueira com um tanto de velas queimando numa grande panela e, em volta daquela fogueira, reunimos e repetimos nossas palavras.

É difícil manter viva e verdadeira uma frase pronunciada em um momento extraordinário. E se fosse surgir algum tom de falsidade nesse *colóquio coral* da gente, seria melhor desistir.

Durante duas semanas, fico remoendo o assunto, cheio de inquietação.

O teatro, como nunca antes, me confronta e nos confronta com uma pergunta crucial. O que *sentimos* quando proferimos palavras que nos dizem respeito? Quanta verdade existe no que dizemos? E ainda, quanto do que nós dizemos tem a possibilidade de chegar a um ouvido em escuta?

As frases que estamos repetindo surgiram de sentimentos sinceros e profundos, mas como manter viva aquela autenticidade originária agora que elas estão se transformando em outra coisa, agora que essa nossa comunicação, nascida como íntima e particular, se arrisca a propor-se ao exterior e transformar-se em reflexão e em *discurso público*?

Tremo por aquilo que estou sentindo e me pergunto amiúde se esse experimento de *intimidade social* é legítimo. Se está correto o que estou tentando fazer com as crianças. Mas, para elas, é importante. Alguns, sobretudo algumas que eu insisto em chamar de meninas, mas que já são garotas maduras, têm plenamente assumido a responsabilidade daquilo que desejamos representar. Não sei com quanta consciência, e certamente seguindo caminhos e pensamentos diferentes dos meus, mas sinto que querem devolver a outras pessoas e ao povoado a nossa tentativa de elaboração de um luto, que foi grande para todos. São as meninas, agora, as mais críticas com cada tom que soe falso, são elas que fazem questão de ensaiar, ensaiar e ensaiar novamente.

Sentimos que devemos essa cena final a Luca. Porque Luca nos levou a pensar tão intensamente sobre a morte e, portanto, sobre a vida.

No fim, decidimos que haverá uma fogueira e que vamos acompanhar nossas palavras com as notas sutis de pequenos instrumentos indonésios em que canas cortadas, batendo umas nas outras, evocam o som da água.

Numa certa hora, Francesca diz: "O outro mundo está aqui perto, mas a gente não o percebe porque é muito silencioso". E toda vez que chegamos a esse ponto, um grande silêncio desce realmente em volta da gente. Já que re-petir é pôr-se e tornar a pôr-se uma pergunta, como já dissemos antes, sinto que, nesses ensaios de maio, estamos cavando e indo cada vez mais fundo, colocando-nos todos em jogo de verdade.

"A gente não pode se comunicar com eles, porque os mortos vivem em um mundo silencioso; caso contrário, deveríamos percebê-lo", acrescenta Francesca. E Valerio repete sua convicção: "Pra mim, a alma é um tesouro secreto que mantém seguros segredos e pensamentos".

Simone conclui toda a nossa indagação afirmando uma evidência clara para ele: "Pra descobrir essa coisa, só tem um jeito: esperar". E enquanto reaparece ao fundo o grande afresco da *Escola de Atenas*, todos se levantam e começam a andar, respondendo em voz baixa: "Esperar... esperar... sem nunca parar de perguntar...".

Nesse ponto, Lara, com a límpida nitidez de sua voz menina, retoma a cantiga entoando: "Rafael, Rafael... diga-nos onde se esconde o que é belo... Rafael, Rafael..." E todos em coro cantam baixinho: "Diga-nos onde se esconde o que é belo, o que é belo...".

A peça se fecha em um silêncio completo, e todos estamos com vontade de chorar.[52]

MAS A FILOSOFIA, NINGUÉM JAMAIS VIU

No dia após a primeira apresentação, nos reunimos no pequeno jardim da escola e, à sombra de um grande pinheiro, falamos do significado da peça. Este é o diálogo com que se concluem meus cinco anos de trabalho com Mattia, Lorenzo, Erika, Matteo, Greta, Ylenia, Marianna, Simone, Valeria, Lara, Fabio, Francesca, Francesco, Valerio, Irene, Luca e Asia, que, no quarto ano, se mudou para Roma.

SIMONE: Pra mim, esse espetáculo é uma grande viagem, porque tem muitos filósofos. Algumas frases, foi a gente que disse; algumas, foram os filósofos. E quando você diz a frase de um filósofo antigo, é como se ainda estivéssemos na época deles.
LORENZO: Eu acho que é uma viagem no tempo, mas também no espaço, porque tem personagens que vêm de várias partes do mundo.
LUCA: Pra mim, a nossa é também uma viagem pela cultura, porque você vai investigando, descobrindo o que diziam os gregos antigos, os antigos persas, os que viviam em Alexandria do Egito...
ERIKA: Pra mim, esse teatro é pra ensinar a filosofia, porque a filosofia antes se fazia, mas, nos dias de hoje, não se faz mais. Pelo contrário, se você, aos poucos, for voltar a percorrer as coisas antigas, vai entender que a filosofia é uma coisa bela, porque a filosofia abrange todas as coisas que se fazem hoje em dia.
MARIANNA: Eu pensei numa metáfora, porque a filosofia está em todos nós e é livre. Os pássaros também são livres e, por isso, a filosofia é como os pássaros, e, sempre que alguém pensa neles, se

52 Algumas cenas da peça de teatro, junto de outros momentos da vida da classe, podem ser vistas no documentário de Franco Lorenzoni *"ELEMENTAR, notas de um percurso educativo"*, produzido pela Casa-Oficina de Cenci, cencicasalab@gmail.com). (NdA)

acrescenta uma nova nota que eles podem cantar.

FABIO: E a gente escuta a música.

LORENZO: Quando Aristóteles me enviou a carta me perguntando o que é a filosofia, eu pensei que a filosofia é uma forma de se expressar. Cada um diz uma coisa e se expressa.

VALERIA: Pra mim, a filosofia é um jeito de raciocinar e compreender, aprofundando o assunto e fazendo muitos experimentos pra entender.

MATTEO: Pra mim, a filosofia é uma forma de discutir. Quem sabe, no mito da caverna de Platão, talvez tivesse alguns filósofos que pensavam de uma maneira, e outros que pensavam de maneira diferente... e entre eles nasceu uma discussão.

FRANCESCO: Eu acho que a filosofia é um pouco do jeito que o Matteo diz. Todos os filósofos compreendiam o mesmo conceito, só que cada filósofo tinha uma maneira diferente de chegar lá.

ERIKA: Pra mim, a filosofia é o passado, o presente e o futuro, porque abrange todas as coisas. Tudo tem a ver com a filosofia, porque a filosofia é um pouco de tudo, é tipo uma história, e cada coisa é uma história.

IRENE: Eu acho que a filosofia está na natureza e é a natureza, porque a natureza é bela, e a filosofia também é bela. A filosofia é a natureza não contaminada, não tocada pelo homem, que os homens têm descoberto, mas não tocado. Se você joga coisas no chão ou polui, é feio mesmo, e não é a filosofia que fala bobagens.

FRANCESCA: Pra mim, a filosofia é explorar. Explorar problemas com a imaginação, com o pensamento. E a gente pode escolher o caminho de acordo com o problema.

VALERIA: Pra mim, a filosofia é o céu, porque o homem pode estudar como é feito o céu, mas não pode alcançá-lo.

LARA: Pra mim, a filosofia é se fazer perguntas, porque cada filósofo, pra raciocinar sobre as coisas, se faz perguntas, e dessas perguntas vêm as respostas.

MATTIA: Pra mim, a filosofia é como o céu e a terra, porque a filosofia são algumas pessoas que a estudam, então é um pouco pequeninha, mas também, com a filosofia, dá pra descobrir coisas enormes. A filosofia é tudo: é só você se mexer que dá de cara com a filosofia.

GRETA: Pra mim, é uma espécie de outro mundo, onde tudo é mais complicado, mas mais bonito, mais tranquilo. Mais complicado porque só algumas pessoas conseguem entrar de verdade na filosofia; mais bonito porque tudo é mais calmo.

LUCA: A filosofia é uma maneira de olhar as coisas com seus próprios olhos, porque a ciência é uma forma mais objetiva de ver, que todos têm que entender, mais demonstrativa. Já a filosofia é olhar pras coisas com olhos novos. Ainda tem a religião, que também é um pouco assim. Só que a filosofia é um meio-termo. Um jeito de olhar pras coisas com um novo olhar, mas sem se basear nas coisas antigas da religião, sempre se fazendo perguntas sobre as coisas.

VALERIO: A filosofia é lindíssima, mas tem alguns que pensam diferente. Pode ser bela, mas também é um pouco perigosa, porque você pensa uma coisa, mas outra pessoa pensa diferente, e aí...

LORENZO: Alguns filósofos são mortos, que nem o Sócrates, que foi executado.

VALERIA: Como a filosofia é a forma mais democrática possível de resolver um problema, isso às vezes incomoda as pessoas.

YLENIA: A filosofia fica escondida, e a gente tem que encontrá-la. Nós, fazendo essa peça, a encontramos.

GRETA: Na filosofia, a coisa complicada é a verdade, porque ninguém quer aceitá-la, porque a filosofia é uma coisa verdadeira, mas, de alguma forma, não pode ir longe demais, porque as pessoas não a aceitam. O problema da filosofia é que as pessoas não aceitam a verdade, têm medo da verdade, porque talvez seja uma verdade que não agrada.

MARIANNA: A filosofia, porém, não dá a verdade, dá possibilidades, porque a filosofia é toda um *talvez* só. Talvez sim, talvez não. Porque você nunca tem certeza. Na ciência, você pode ter certeza, na filosofia não.

VALERIA: Porque a verdade é, de qualquer forma, uma mentira. Você acredita que realmente conhece a verdade, mas, no fundo, sabe que o que disse não é verdade.

FRANCESCA: A gente fez essa apresentação pra esclarecer, mas não completamente, uns conceitos de filosofia que talvez alguns espectadores nunca tenham pensado. E talvez, quando saírem da sala, muitas perguntas, muitos pensamentos vão vir à mente deles... É como se a gente tivesse ensinado uma coisa, dado tipo uma aula.

IRENE: Na peça, colocamos um pouco de verdade, já que os filósofos são verdadeiros, e um pouco de filosofia...

ERIKA: Também colocamos muitas coisas que dissemos, porque, às vezes, as pessoas dizem: a filosofia nunca pode ser descoberta. Só que, se você começar a pensar, aos poucos vai se construindo uma noção. O que a gente quer que os espectadores digam é que, embora nunca ninguém tenha visto a filosofia, ninguém jamais tenha descoberto exatamente o que é, tudo pode ser feito. Nós nunca vamos encontrar a verdadeira filosofia, mas, ainda assim, muitas coisas se conectam. Temos que ensinar pra eles que, de um jeito ou de outro, tudo se aprende...

FRANCESCA: Tentando, questionando-se, experimentando, qualquer coisa pode ser feita.

MARIANNA: A gente devia dar uma chave pros espectadores pra abrir uma porta imaginária dentro deles e, assim, eles se abrirem pra filosofia.

FRANCESCA: Uma chave pra si mesmos.

MARIANNA: A gente dá uma parte da chave aos espectadores.

VALERIA: Mas a gente ainda não descobriu onde está a chave.

ERIKA: Nós estamos fazendo todo esse trabalho, procuramos, pra encontrar a verdadeira chave que abre o tesouro onde a gente vai encontrar a filosofia.

SIMONE: Encontrar a chave... pra mim, é só a vida que pode fazê-lo.

MARIANNA: A vida é toda uma caça ao tesouro. Você tem que procurar, e aí, por fim, você encontra a si mesmo, no final de sua vida.

LUCA: Talvez, dentro da alma, esteja contido o propósito da vida.

SOCORRO PELO BELO

Se chegou a ler até aqui, querida leitora ou querido leitor, agora consegue entender por que eu estava tão triste em afastar-me dos meninos que tentei fazer com que você conhecesse, pelo menos um pouco, através do registro fiel de suas palavras.

O ano acabou, e não me importo de ter acenado às guerras púnicas só do ponto de vista de Arquimedes de Siracusa, que teve a sina de viver em uma cidade disputada e que, nesse longo conflito, encontrou a morte. Não me importo de não ter repetido suficientemente as divisões de dois dígitos e de ter ignorado nomes de reis e imperadores que ampliaram as conquistas de Roma. Se ficamos ancorados por um ano inteiro no litoral deste canto do Mediterrâneo da cor do céu, que se encontra embaixo à direita, um pouco torto, no mapa desenhado por Eratóstenes que penduramos na sala de aula, agora sei que é porque estávamos precisando.

Se, no final da apresentação, todas as meninas e os meninos conseguem pronunciar em voz baixa perguntas, hipóteses e inquietações sobre a morte, é porque, naquele lugar longínquo, através da forma com que a arte de Rafael o *fixou* e ofereceu para nós, dezesseis sábios da antiguidade se tornaram *ajudantes mágicos* que, como nos contos de fadas, nos auxiliaram a ver e descobrir algo sobre nós mesmos.

Juntos, criamos um espaço em que o conhecimento foi se entrelaçar profundamente com a terrível experiência da morte de uma criança, que a vida nos obrigou a confrontar.

O belo da pintura e da filosofia e, mais ainda, o belo de conversar sem receios e com autenticidade vieram em nosso socorro nos últimos meses para ajudar-nos a encarar o horrível e o inexplicável sem recuar. Mas não é justamente esse tipo de conhecimento, afinal de contas, que mais deveríamos tentar cultivar na escola?

Fabio, que, recitando no teatro, tem feito muitos progressos em articular mais claramente suas palavras, no último dia, devolve-nos com simplicidade o sentido de todo o nosso percurso: “Filolau, amigo de Orfeu, que trouxe a música pro mundo, foi tipo um irmão para mim, porque o desenhei que nem eu desenho a minha irmã Sara”.

AGRADECIMENTOS

Em primeiro lugar, agradeço às meninas e aos meninos da classe: Mattia Battaglia, Lorenzo Bernardini, Erika Bocci, Matteo Buzzicotti, Greta Cannas, Ylenia Ceccariglia, Marianna Fontana, Simone Guazzaroni, Valeria Ippoliti, Lara Mastria, Fabio Picchio, Francesca Rosati, Francesco Ruco, Valerio Secondi, Irene Sgrigna, Luca Caston e Asia Tenerelli, que se mudou para Roma no início do quarto ano. Sem o compromisso, a paixão e a profundidade com que se puseram a pesquisar, nada do que aqui é narrado poderia vir a existir. Agradeço, também, a seus pais, que sempre apoiaram nossas experiências.

Agradeço à amiga e colega Cornelia Luisi, que, na classe, ensinava italiano, inglês, geografia e música e que tanto contribuiu para as crianças. Sou-lhe grato, especialmente, por ter me apoiado constantemente e aturado várias de minhas excentricidades.

Agradeço a minhas amigas e meus amigos do Movimento de Cooperação Educacional e aos muitos que passaram e trouxeram sua contribuição para a Casa-Oficina de Cenci, pela oportunidade que me ofereceram de experimentar a riqueza que só uma comunidade de estudo pode dar.

Agradeço a várias amigas e amigos que, de maneiras diferentes, acompanharam este meu escrito: Giuseppe Bagni, Daniela Bertocchi, Amaranta Capelli, Marco Carsetti, Roberto Casati, Goffredo Fofi, Grazia Honneger Fresco, Ivano Gamelli, Piergiorgio Giacchè, Mirella Greco, Chiara Guidi, Sara Honneger, Giovanna La Maestra, Ludovica Muntoni, Sandra Suatoni. Agradeço a Giorgio Testa, que me contagiou com a sua paixão pela Grécia antiga e por Platão, que nos acompanhou durante essa nossa viagem.

Agradeço aos meus pais, que já não estão mais conosco, cujos ensinamentos reemergem com força sempre que tento ir ao fundo das coisas, e aos meus filhos Icaro, Laura e Tommaso, que, com Amedeo e Lorenzo, acompanham a minha vida e me ensinam sempre tanto, indicando-me com carinho as muitas coisas que ainda preciso aprender.

Agradeço finalmente, e mais do que a qualquer outro, a Roberta Passoni, pelas muitas sugestões que me dá todo dia na escola, pelo amor com que acompanha e compartilha tudo o que eu faço e pela coerência, o rigor e o ponto de vista especial com que olha para a educação.

F.L